한류의 시작, 고구려

이 책을 아내 장연희에게 바친다.

큰 글씨 책

009

한류의 시작, 고구려

초판 1쇄 인쇄 2019년 11월 4일
초판 1쇄 발행 2019년 11월 11일
—

지은이 전호태
펴낸이 이방원
편 집 김명희·안효희·윤원진·정조연·정우경·송원빈
디자인 손경화·박혜옥
영 업 최성수
마케팅 이미선
—

펴낸곳 세창미디어

　　　 출판신고 2013년 1월 4일 제312-2013-000002호

　　　 주소 03735 서울특별시 서대문구 경기대로 88 냉천빌딩 4층

　　　 전화 02-723-8660 | **팩스** 02-720-4579

　　　 이메일 edit@sechangpub.co.kr | **홈페이지** http://www.sechangpub.co.kr
—

ISBN 978-89-5586-575-2 03910

이 도서의 국립중앙도서관 출판시도서목록(CIP)은 서지정보유통지원시스템 홈페이지(http://seoji.nl.go.kr)와
국가자료공동목록시스템(http://www.nl.go.kr/kolisnet)에서 이용하실 수 있습니다. (CIP제어번호: CIP2019042697)

세창역사산책 009

한류의 시작,
고구려

전호태 지음

세창미디어
MEDIA

"고구려 생활사도 한번 정리하셔야죠? 그래, 한번 정리
좀 해 줘! 글쎄, 언제 한번 하기는 해야지. 그런데 왜 내가
해야 하는 거요? 전공이 고분벽화잖아. 맞아요! 고분벽화
하시니까, 해야죠." 필자와 동료 선후배 사이에 가끔 오가
던 이야기의 한 토막이다.

고분벽화를 전공한다는 이유로 인문, 예술, 종교, 체육, 보
존과학까지 넘나들다 보니 여러 분야 사람들에게서 "이것
도 좀 해야죠?" 하는 소리를 듣는다. 사실 앞뒤가 안 맞는
이야기다. 고분벽화가 전공이라고 이것저것 손댈 수는 없
다. 오히려 잘 알지도 못하면서 발 들여놓았다는 소리를 듣
기 쉽다.

그런데도 필자는 이 분야, 저 분야의 글을 하나씩 써 나간
다. 실제 고분벽화에 "해야죠?"에 해당하는 부분이 나오기
는 나오니까. 게다가 고분벽화는 아무나 보고 읽지 못한다.
옛 그림인 데 더하여 잘 남아 있지도 않아 조심스레 열심히

사진과 도면을 들여다보아야 한다. 어쩌다 유적 현장에 가도 형상의 윤곽이며 세부가 보이지 않는 이에게는 보이지 않는다.

해야 한다는 분야 가운데 하나인 생활사를 정리한 지 몇 해 되었다. 자연스레 음악과 놀이, 운동에 대한 글도 한 편 썼다. 2017년 가을, 경주에서 고구려의 놀이를 주제로 편하게 발표하는 자리가 마련되었다. 이전에 썼던 논고에 자료를 더하면서 풀어쓴 글을 일반 청중에게 선보였다. 어떻게 들었는지 세창미디어에서 메일을 보내 발표한 글을 더 풀어서 얇은 문고본으로 내 보자고 했다. 가부간 답을 하지 못한 채 차일피일했더니 답을 바라는 메일이 한 차례 더 왔다. 아내가 "쓰세요. 사람 사는 이야기니 좋네요." 한다. 평소 '쉽고 생생하게, 살아가는 이야기로'를 강조하는 그다. 바로 쓰겠다는 답을 보냈다.

겨울 한 철이면 원고를 정리하여 보낼 수 있으리라 생각

했는데, 그러지 못했다. 평소 글을 의뢰받으면 바로 시작하는 습관이 있다. 일찌감치 원고를 보내 마감 지났다는 소리를 들은 일이 거의 없다. 너무 일찍 글을 보내 상대가 받은 사실을 잊을 때도 있었다.

겨울 초입부터 아내의 건강이 안 좋아 내내 곁을 지켰다. 아침저녁으로 기도문만 썼다. 봄이 오면 다시 긴 산책을 하자, 신록이 되면 며칠씩 트래킹 하자고 서로 격려의 말을 나누며 함께할 새날, 새 계절의 시간표를 짰다. 그러나 아내는 봄의 말미에 하나님의 부름을 받았다. 결국, 이 책은 하늘나라로 삶의 자리를 옮긴 아내에게 바치는 첫 작품이 되었다.

한국 문화의 큰 줄기는 고구려 때 뿌리가 내리고 뻗어 오르기 시작했다. 음악과 놀이 중 일부는 고구려에서 이웃나라로 전해지며 큰 호응을 받기도 했다. 한류를 가리키는 K-시리즈 가운데 고구려의 음악과 놀이, 생활문화에서 비롯된 것이 여럿이라면 과장일까? 10월 동맹이라는 나라마당에 선보이던 춤과 노래, 고취악과 관현악, 갖가지 곡예, 씨름과 수박희, 활쏘기와 말타기는 바탕에 흥과 신명, 어울림을 깔고 있었다. K-Pop과 K-Drama에 흥과 신명이 녹아 있고, K-Food에 어울림이 버무려져 있다면 현대 한국의 K-시리즈, 한류가 고구려에서 시작되었다고 해도 지나친 말은 아닐 것이다.

작고 아담한 문고본을 제안한 세창미디어에 감사한다. 글의 눈높이를 맞추고 그림을 보기 좋게 배열하느라 애쓴 편집팀에게도 고마운 마음을 전한다. 어려운 시간을 잘 이겨 내며 아빠 곁을 지켜 준 딸 혜전, 아들 혜준이 대견하고 고맙다.

2018년 여름 초입에 구룡산 기슭 서재에서
전호태

목 차

1장
동맹이라는
축제 마당

축제의 시작

축제가 시작되면 누구나 '마음껏 놀 수 있다.' 길어야 보름이고 한 달 안이다. 그래도 이게 어딘가? 종일 정신없이 일하다가 밥 한술로 허기 메우고 잠시 잠깐 눈 붙이면 동녘이 불그스름하다. 아이구나, 허겁지겁 저고리 걸치고 바짓가랑이 다리 꿰며 부리나케 사립문 나서는 게 맨상투 인생 아닌가? 그렇게 흙이며 나무뿌리에 코 박고 살아야 하는 인생, 한 해 한 번 가을볕 마당놀이 열어 주어 그 바닥에 맘껏 뒹굴면서 숨이라도 돌려 쉴 수 있게 해야지 않겠는가?

그렇다! 마당이 열리면 주인도 종도 하나다. 종이 고개를 들고 빤히 보아도 주인은 뭐라 하면 안 된다. 오히려 마주 보며 눈 껌뻑거리다가 큰 소리로 같이 웃어 제쳐야 한다. 마당에서 춤추고 노래하던 사람들이 자리 내주면 모르는 채 저들 사이에 끼어들어 함께 어깨를 들썩거리며 흥얼거릴 수 있어야 한다.

강릉 단오는 대관령 성황당에서 신을 모셔 오면서 시작된다. 남대천 너른 모래펄 한 귀퉁이에는 벌써 커다란 제사상이 마련되어 있다. 보름달 환한 달빛 아래 한바탕 놀이마당 펼칠 준비도 되어 있다. 사람들은 이제나저제나 기다린다. 제관들은 앞서거니 뒤서거니 헛기침이다. 아이건 어른이건 손가락을 접었다 펴며 헤아리기를 거듭한다. 아흔아홉 구비길 대관령 꼭대기에서 언제 신을 모셔 오는가? 기다리고 기다린다. 해는 서산에 기우는데, 신을 모신 가마꾼들 걸음은 왜 이리 더디기만 할까? 문득 목을 길~게 뺐던 사람들이 소리 지른다. '오셨다! 가마가 남대천에 발 담갔다!' 그러자 횃불이 숏고 나팔 소리가 귀를 때린다. 징이 울린다. 북이 우렛소리를 낸다. 함성과 징, 북, 나팔이 내는 소리가 5월 단오판이 열렸음을 알린다.

고구려에는 동맹이라는 축제가 있었다. 해마다 한 차례씩 10월에 평양 대동강변 너른 들에서 열렸다. 축제가 시작될 때면 왕이 오고 대신, 강족들이 수많은 수하와 함께 백성들이 모인 자리로 왔다.

> 10월에 하늘에 제사를 지내니 이르기를 동맹이라 한다. 나라 동쪽에 큰 굴이 있어 그곳에 수신이 있는데, 10월에 맞아 들여 제사를 지낸다.
>
> -『후한서(後漢書)』권85, 「동이열전(東夷列傳)」75.

> 10월에 하늘에 제사 지내는 나라의 큰 모임이 있다. 동맹이라 한다. (중략) 나라 동쪽에 큰 굴이 있어 수혈이라 부른다. 10월에 온 나라에서 모여 수신을 맞아 나라 동쪽 (강) 위에 모시고 제사를 지낸다. 이때 나무로 만든 수신을 신의 자리에 모신다.
>
> -『삼국지(三國志)』권30, 「위서(魏書)」30.

나라의 서울이 국내성일 때, 신관들은 나라 동쪽 산 위 큰 굴에서 신을 모셔 왔다. 신은 나라의 어머니로 고구려의 시조인 주몽을 배고 낳아 세상에 빛이 있게 한 분이다. 그가 세상으로 나와 하늘의 빛과 만나고 큰 알을 배었다가 세상에 내놓았다. 하늘의 신이요, 해의 신인 해모수의 아들이 빛 속에서 금빛 몸을 드러내게 하셨다.

왕이 천제 아들의 비(妃)인 것을 알고 별궁(別宮)에 두었다. 그 여자의 품 안에 해가 비치자 이어 임신하여 신작(神雀) 4년 계해년 여름 4월에 주몽(朱蒙)을 낳았다. 우는 소리가 매우 크고 골상이 영특하고 기이하였다. 처음 낳을 때 왼쪽 겨드랑이로 알 하나가 나왔는데, 크기가 닷 되들이만 하였다. 왕이 괴이하게 여겨 이르기를 "사람이 새알을 낳았으니 상서롭지 못하구나." 하고, 사람을 시켜 마구간에 두었더니 여러 말이 밟지 않았다. 깊은 산에 버렸더니 모든 짐승이 호위하고 구름 끼고 음침한 날에도 알 위에 항상 햇빛이 있었다. 왕이 알을 도로 가져다가 어미에게 주어 기르게 하였다. 마침내 알이 갈라지며 한 사내아이가 나왔는데 한 달이 채 지나지 않아 바르고 정확하게 말하였다.

-『동국이상국집(東國李相國集)』 권3, 「동명왕편 병서(東明王篇 竝序)」.

  신을 모신 자리에선 이 신이 어떻게 고구려를 열었는지, 나라의 어머니 신인 유화가 하늘의 신 해모수를 만난 뒤 겪은 풍상, 유화가 낳은 시조 왕 주몽이 큰 강 너머 남쪽에서 새 나라의 깃발을 꽂기까지 어떤 고초를 이겨 냈는지 하나하나 보여 준다. 배우들은 부여신 유화가 되고 등고신 주몽이 되며, 부여왕자 대소와 6형제가 되어 고구려가 시작될 때 펼쳐진 드라마틱한 순간들을 재현한다.

극이 진행되는 동안 주몽 왕의 세 친구도 나오고 남녘 작은 나라 비류국왕 송양도 등장한다. 왕자 주몽과 세 친구가 탄 말들이 물고기와 자라의 다리를 건너 강 너머에 이른 순간 사람들은 환호성을 올리고 박수를 친다. 귀족들은 왕의 세 친구가 자신들의 먼 조상이라는 표정을 지으며 서로를 쳐다본다.

시조 동명성왕 주몽의 일대기를 관람한 왕이 대신들을 거느리고 강변에 이른다. 그가 어의를 벗어 팔목에 둘둘 말더니 물속으로 들어간다. 물이 허리쯤 왔을까? 시조 주몽이 활로 강물을 두드려 외할아버지 하백을 부르듯 왕이 어의를 풀어 크게 휘두르며 물결을 일으킨다.

남쪽으로 행하여 엄체수에 이르러 건너려 하나 배가 없었다. 쫓는 군사가 곧 이를 것을 두려워하여 채찍으로 하늘을 가리키며 탄식하기를 "나는 천제의 손자요 하백의 외손입니다. 지금 난을 피하여 여기에 이르렀습니다. 황천과 후토(后土)는 나를 불쌍히 여기시어 속히 배와 다리를 주소서." 하였다. 말을 마친 뒤 활로 물을 치니 고기와 자라가 나와 다리를 이루었다. 주몽이 건너고 한참 뒤에 쫓는 군사가 이르렀다.

- 『동국이상국집』 권3, 「동명왕편 병서」.

강변 둘레에 귀족과 백성들이 숨죽이고 이 광경을 본다. 마침내 왕이 어의를 강에 떠내려 보낸다. 순간 너나없는 함성이 강변을 울린다. 그러자 강의 이쪽과 저쪽에서 기다리던 한 무리의 젊은이들이 강 건너로 아기 주먹만 한 돌을 던지며 물보라를 일으킨다. 이것이 '평양 대동강 돌싸움'이다. 기록에 따르면 이 행사는 해마다 연초에 대동강변에서 벌어진 풍년 기원 해맞이 놀이다.

> 해마다 연초에는 패수(浿水)가에 모여 놀이를 한다. 왕은 가마를 타고 나가 우의(羽儀)를 펼쳐 놓고 구경한다. 놀이가 끝나면 왕이 의복을 물에 던지는데, [군중들은] 좌우로 편을 나누어 물과 돌을 서로에게 뿌리거나 던지고, 소리치며 쫓고 쫓기기를 두세 번 되풀이하고 그만둔다.
>
> -『수서(隋書)』 권81, 「열전(列傳)」 제48.

이처럼 동맹은 고구려 사람들의 큰 모임이다. 한 해를 마무리하는 온갖 행사가 이때 치러진다. 왕을 중심으로 5부의 귀족들이 모여 나라의 큰일을 의논하고 결정한다. 상 줄 자는 상 주고, 벌줄 자는 벌을 준다. 나라의 질서에 어지러움이 있으면 바로잡고 다듬는다. 고구려 바깥세상과의 일도

의논한다. 서쪽 먼 곳까지 사람을 보내느냐? 저 멀리서 온 사람들을 받아들이느냐? 백성들이 불편해 하는 일은 무엇이냐? 마무리 안 된 일은 어떻게 매듭짓고 얽힌 일은 어떻게 풀 것이냐? 잘 차려입은 왕과 대신, 나라의 크고 작은 귀족들이 한자리에 모여 나랏일의 한쪽 끝에서 다른 쪽 끝까지 돌아보며 의논하고 결정을 내린다.

> 공식 모임에는 모두 비단에 수놓은 의복을 입고 금은으로 장식한다. 대가와 주부는 책을 쓰는데, (중국의) 관책과 같으나 뒤로 늘어뜨리는 부분이 없다. 소가는 절풍을 쓴다. 모양이 고깔과 같다. 감옥이 없고 범죄자가 있으면 제가들이 모여 평의하여 곧 사형에 처하고 그 처자는 몰수하여 노비로 삼는다.
>
> -『후한서』

한쪽에서 왕과 대신, 소가와 대가들이 머리를 맞대고 나라의 온갖 문제로 끙끙거리는 동안 넓은 벌(광장)에 모인 백성들은 노래와 춤, 놀이를 즐긴다. 나팔을 불고 북을 두드리며 비파를 뜯는다. 장이 벌어지고 외래의 귀한 물건들이 선보이며 손에서 손으로 건네지는 것도 이때고, 고구려 안팎 세상의 장사치란 장사치는 다 모이는 때도 이때다.

힘과 기술로 밀고 당기려면 씨름판에, 손발로 힘과 재주를 겨루려면 수박판에, 사람들이 이리 쏠리고 저리 쏠리는 사이로 놀이패가 들어온다. 구슬과 단검을 번갈아 던져 이 손, 저 손으로 쉼 없이 받고, 커다란 수레바퀴도 공중에서 가볍게 굴리는 사람들이 이들이다. 평양시대가 되면 입에서 불을 토하는 신묘한 재주를 부리는 사람도 나타난다. 물론 그런 사람들은 서쪽 끝에서 왔다는 눈이 둥그렇고 코가 오뚝한 사람들, 호인이다.

여러 날 대동강 큰 벌에서 이런저런 놀이가 벌어지지만 가장 인기 있고 너나없이 목을 빼고 고개를 들이미는 곳은 말놀이다. 그중에도 말 달리며 활 쏘아 과녁 맞히는 내기가 첫손에 꼽힌다. 으뜸이 되려고 달려드는 사람도 여럿이다. 말 달리며 화살 날려 큰 과녁, 작은 과녁도 꿰뚫지 못하면서 어찌 고구려 사내라 할 수 있는가? 마을마다 나온 이들도 부지기수다. 이들 사이에서 으뜸이든 버금이든 다섯 손가락 안에만 든다면 왕이 부르는 자가 되는 것 아닌가? 마을의 영광이요, 큰 성의 자랑이 되리라.

고구려 사람들은 무리지어 춤추고 노래하기를 좋아한다.

풍속은 음란하다. 깨끗한 것을 좋아하며 밤에는 남녀가 떼 지어 노래를 부른다. -『후한서』.

백성들이 노래와 춤을 좋아한다. 나라 안 촌락마다 밤이 되면 남녀가 떼 지어 모여 서로 노래하며 즐긴다. -『삼국지』

사람마다 축국에 능하며 바둑과 투호를 즐긴다.

위기(圍棋)와 투호(投壺) 놀이를 좋아하며, 사람마다 축국(蹴鞠, 공차기)에 능하다. -『구당서(舊唐書)』 권299 下, 「열전(列傳)」 149 上.

저들은 장례 때 북을 치고 춤추며 죽은 이를 보낸다.

부모와 남편 상(喪)에는 모두 3년 예복(服)을 입고, 형제의 [경우는] 3개월간 입는다. 초상(初喪)에는 곡(哭)과 읍(泣)을 하지만 장사 지낼 때는 북치고 춤추며 풍악을 울리면서 장송(葬送)한다. 매장이 끝난 뒤 죽은 자가 생전에 썼던 의복과 거마(車馬)를 모두 거두어다 무덤 옆에 두는데, 장례에 모였던 사람들이 앞을 다투어 가져간다. -『수서』.

고구려에 왔던 외국 사람들, 특히 중국 사람들은 사람을 보며 이리저리 재는 데에 익숙했다. '겉으로는 예의범절이며 체면 염치를 따지는 듯이 보일지라도 속마음은 그렇지 않다. 이것이 사람의 본성이다!' 이런 경험이자 지식으로 무장된 이들이다. 그런데 이런 사람들의 눈에도 고구려 사람들은 그렇지 않았다.

왜 둘만 모이면 노래하고 셋이 되면 춤을 출까? 북을 두드리고 나팔을 부는 것이 저리 즐거울까? 어찌 삶이 저리 밝을까? 삶을 즐길지라도 다가올 일을 걱정하고 두려워하기 마련이다. 저들은 왜 그렇지 않을까? 어떻게 죽음이 저리 자연스럽게 받아들여질까?

제사와 놀이는 하나

동맹은 고구려 사회를 하나로 모으는 큰 울타리였다. 산과 골짜기, 강과 들판에 흩어져 살던 모든 고구려 사람이 한 해 한 차례 모이는 자리였다. 언제 시작되었는지 모른다. 왕도 백성도 '왜?'라고 묻지 않는다. 다 모여서 의논하고 노는 자리인데, 따지고 말 것이 어디 있는가?

동명성왕이라는 첫 왕의 이름, '동명'이라는 왕이 있었다는 이야기가 있다. 도모, 추모라는 이름이 '동명'이 되었다고도 한다. 사실 주몽도 따지고 들면 동명이 될 수 있다. 부여와 고구려 사람 누구나 동명을 안다. 백제 사람도 저들의 시조는 동명이라며 사당을 짓고 해마다 제사를 지낸다[원년

여름 5월에 동명왕(東明王)의 사당(祠堂)을 세웠다.-『삼국사기』권23, 「백제
본기(百濟本紀)」1, 온조왕 1년 5월].

처음에 북이(北夷)의 색리국왕(索離國王)이 출타 중에 그의 시녀
가 궁(後[宮])에서 임신하게 되었다. 왕이 돌아와서 죽이려 하자
시녀가 말하기를 "지난번 하늘에 크기가 달걀만 한 기(氣)가 있
어 저에게로 떨어져 내려오는 것을 보았는데, 그대로 임신이 되
었습니다." 하였다. 왕이 시녀를 [옥에] 가두었는데, 그 뒤에 마
침내 아들을 낳았다. 왕이 그 아이를 돼지우리에 버리게 하였으
나, 돼지가 입김을 불어 주어 죽지 않았다. 다시 마구간에 옮겼
으나 말도 역시 그와 같이 해 주었다. 왕이 그 아이를 신이(神異)
하게 생각하여 그 어머니가 거두어 기르도록 허락하고, 이름을
동명(東明)이라 하였다. 동명이 장성하여 활을 잘 쏘니 왕이 그의
용맹함을 꺼려 다시 죽이려고 하였다. [이에] 동명이 남쪽으로
도망하여 엄사수(掩㴲水)에 이르러, 활로 물을 치니 고기와 자라
들이 모두 모여 물 위에 떠올랐다. 동명은 그걸 밟고 물을 건너
서 부여(夫餘)에 도착하여 왕이 되었다.

-『후한서』권85, 「동이열전」75.

고구려 사람들은 동맹이 시조 왕인 동명을 기리는 제사

와 놀이로 시작되었다고 믿는다. 고구려 사람들에게 제사와 놀이는 하나다. 죽은 이를 보낼 때 춤추고 노래하듯이 신을 맞을 때 북을 두드리고 나팔을 부는 것이 무에 그리 이상한가? 당연한 일이다! 제사 자리는 놀이터요, 상벌을 주는 자리에서는 장터도 열린다. 혼례 올릴 때 수의(壽衣)를 마련하는 것도 자연스러운 일이다[남녀가 결혼하면 죽어서 입고 갈 수의(壽衣)를 미리 만들어 둔다.-『삼국지』]. 검은 머리 파뿌리 되도록 함께 살다 함께 죽으리라! 서로 나고 자란 집을 떠나 하나 되니 새 삶이요, 죽으면 바로 큰 강 건너 조상신의 땅으로 가니 또 새로 나는 것이라. 이렇게 삶과 죽음이 하나이고 부부도 하나다. 다 하나다. 하나가 된다.

동맹이 큰 놀이마당이 되니, 모였다가 흩어질 때는 다들 기분이 좋다. 새삼 기운도 새롭다. 일할 마음이 솟는다. 어떤 이는 패랭이를 고쳐 쓰고, 또 다른 이는 상투 덮은 검은 두건을 한 번 더 힘껏 동여맨다. 내년의 동맹을 기대하며 부지런히 봇짐을 싼다. 크고 작은 꾸러미를 제 등에도 노새와 나귀 등에도 올린다. 새로 구한 도구며 종자, 작은 비녀에 동곳(상투에 꽂아 고정시키는 도구)까지 저 안에 들었다. 보물상자가 따로 없다. 저 꾸러미가 보물이다. 다들 이틀거리, 사흘거리라도 삼삼오오 제 마을 가는 걸음을 재촉한다. 마음에 흥이 있으니 콧노래가 절로 나고 어깨도 들썩거린다.
나라 놀이 동맹 마쳤으니 올해 남은 건 겨울맞이 마을 놀이
밖에 없구나!

2장

두드리고,
불고, 켜다

위세를 보이고 흥을 돋우는 고취악

〈안악3호분〉은 널방 동쪽과 북쪽에 높이 2.01m, 길이 10.5m에 이르는 'ㄱ'자 형태의 긴 회랑이 설치된 무덤이다. 회랑에는 250명 이상의 인물로 이루어진 대행렬이 묘사되어 보는 이로 하여금 감탄사를 연발하게 한다. 행렬의 중렬 한가운데 무덤 주인이 탄 수레가 있고 수레의 앞과 뒤, 좌우를 시종들과 도끼, 활, 칼, 창으로 무장한 병사들이 호위한다.

눈길을 끄는 것은 소가 끄는 고급스러운 수레의 앞과 뒤이다. 무려 64명으로 이루어진 대규모 고취악대를 볼 수 있기 때문이다. 말 탄 이도 있고 걷는 이도 있지만, 누구나 할 것 없이 악기를 들거나 나른다. 이 악대의 악사들이 쥐거나 들고 연주하는 악기는 뿔나팔과 북, 종과 같이 불거나 두드리는 것들이다.

　주인공 수레 앞에는 북 2, 종 1로 열을 이룬 보행 악대가 나오고 수레 바로 뒤에 말북, 소, 작은 뿔나팔, 요를 연주하는 기마악대가 등장한다. 그 뒤로 거는 북(현고), 흔들 북(도고)을 두드리거나, 큰 뿔나팔을 부는 악사들이 따른다. 보병들에 의해 좌우로 나뉜 악사들은 각각 세 열을 이룬 채 앞으로 나가며 악기 연주에 몰두하고 있다. 행렬의 뒤쪽 벽화가 흐려져 64명 이외의 악사들은 확인되지 않는다.

　그러나 벽화에는 대행렬이 전열과 중열만 묘사되었다. 당시의 행렬 구성에서 후열 규모가 전열, 중열을 합한 정도라는 사실을 고려한다면 〈안악3호분〉 주인공 행렬은 규모만 500명에 이른다. 주인공의 수레를 둘러싼 고취악대도 벽화에 묘사된 정도보다 규모가 더 컸을 수도 있다.

　이처럼 대규모 고취악대를 동원한 것은 주인공의 지위와 위세를 대외적으로 과시하기 위함이다. 500명에 이르는 병사와 시종의 행렬, 100여 명의 악사로 구성된 고취악대의 연주가 행렬에 참여한 사람이나 이를 구경하는 사람들에게 어떤 인상을 주었을지는 미루어 짐작하고도 남는다. 화려하게 장식한 소수레를 타고 가는 주인공도 자신의 위세에

고취악대가 동원된 대행렬(안악3호분).

스스로 흡족해 하지 않았겠는가?

〈약수리벽화분〉행렬도는 〈안악3호분〉의 것보다 규모가 작으나 고취악대가 어떻게 구성되는지를 한눈에 알게 한다는 점에서 주목된다. 3열을 이룬 고취악대의 가운뎃줄 제일 앞을 차지하는 것은 메는 북(담고)을 두드리는 타고대다. 좌우에는 악사들이 말을 타고 가면서 거는 북, 흔들 북을 치고 큰 뿔나팔을 분다. 여기서 고구려 고취악의 기본이 뿔나팔과 북이라는 사실이 잘 드러난다. 〈감신총〉의 기마고취악대에는 말북(마상고)과 큰 뿔나팔만 등장한다.

〈평양역전벽화분〉고취악대 벽화에서는 세운 북 2개와 뿔나팔 하나를 연주하는 장면이 확인되는데, 악기 장식이 화려한 점이 눈길을 끈다. 세운 북(담고)을 치는 사람은 수염을 길렀으며 머리에 흰 책을 썼다. 뿔나팔을 부는 사람은 머리에 검은 두건을 썼다. 벽화에 행렬이 보이지 않는 점으로 보아 야외 행사의 하나로 흥을 돋우는 고취악 연주가 이루어진 경우로 볼 수 있다.

〈안악3호분〉벽화에서도 행렬에 포함되지 않은 고취악 연주 사례를 확인할 수 있다. 이 무덤의 앞방 남벽 동쪽과 서쪽에는 각각 세운 북을 두드리고 소를 부는 악사 네 사람과 이 연주에 맞추어 춤추는 무용수 네 사람을 묘사했다.

고취악 연주 소리가 빠르고 힘 있기 마련이라는 사실을 고려하면 무용수들의 춤도 몸놀림이 빠르고 격렬했을 가능성이 크다.

고취악은 국가의례에서는 반드시 갖추어야 할 음악이었다. 고구려가 나라를 세웠다고 선포하자 중국의 한은 고취기인(鼓吹技人)을 보내 중국과 주종관계를 맺을 필요가 있음을 알렸다. 고취악, 즉 음악으로 표현되는 나라 사이의 위계질서 안으로 들어오라는 것이었다.

고구려의 시조 주몽 왕은 나라를 세운 지 얼마 되지 않아 비류국 사신을 맞게 되자 북과 나팔을 제대로 갖추지 않았음을 걱정하였다. 신하들은 몰래 비류국의 북과 나팔을 훔쳐와 왕의 걱정을 풀어 준다. 이제 고구려는 악대로 하여금 고취악을 연주하게 하면서 이웃 나라의 사절을 맞을 수 있게 된 것이다. 고취악을 갖추어 의례를 행하지 못하면 나라 취급을 받지 못했던 당시의 관행을 알 수 있다.

칠한 고각 와서 보고 내 것이라 말 못하며

왕이 말하기를 '나랏일이 새로우니 아직 고각의 위의가 없도다. 비류국 사자가 왕래할 때에 우리가 왕의 예로 영송할 도리가 없으니 우리를 업신여기는 구실이 되리라.' 하였다. 시종하던 신하 부분노가 나아와서 아뢰기를 '신이 대왕을 위해 비류국의 고각을 취하여 오겠습니다'고 하매 왕이 '타국의 귀한 물건을 네가 어떻게 가져오겠느냐'고 하였다. 부분노가 대답하기를 '이것은 하늘이 내린 물건입니다. 어찌하여 가지지 못하겠습니까? 대체로 대왕이 부여에서 어려움을 겪으실 때 어느 누가 이곳에 오시리라고 생각을 하였겠습니까? 지금 대왕께서 만 번 죽을 위태한 땅에서 몸을 빼 요좌에서 이름을 날리게 되었습니다. 이는 천제가 명하시어 이룬 일이오니 무슨 일인들 이루어지지 않겠습니까?'하고는 부분노 등 3인이 비류국에 가서 고각을 훔쳐 가지고 왔다. 비류국왕이 사자를 보내 항의하였다. 왕이 저들이 와서 고각을 볼까(보자며 따질까) 두려워 컴컴하게 색칠하여 오래된 것같이 해 놓았으니 송양이 감히 다투지 못하고 돌아갔다.

-『동국이상국집』권3, 「동명왕편 병서」

고취악은 위의를 갖추고 위세를 과시할 때에도 도움이 되지만 기운을 돋우는 데에도 쓰임새가 컸다. 전쟁이나 사냥에 적극적으로 쓰인 것도 이 때문이다. 아군의 기세는 돋우고 적군의 기세를 꺾는 데에 고취악만큼 도움이 되는 것도 드물었다. 건국한 지 얼마 되지 않아 선비와 전쟁을 치르게 되자 유리명왕은 고취악으로 군대의 기운을 돋우며

행군한다.

> 왕이 깃발을 들고 북을 울리며 나아가니 선비는 앞뒤로 적을 맞
> 아 계책이 다하고 힘이 꺾여서 항복하여 속국이 되었다.
>
> -『삼국사기』 권13, 「고구려본기」 1, 유리명왕 11년 4월.

북과 나팔 소리는 신의 뜻을 알리는 수단이기도 했다. 중
국의 신화전설에서 황제와 치우(蚩尤)의 싸움은 작은 신들
이 연주하는 북과 나팔 소리를 신호 삼아 시작된다. 고구려
는 낙랑의 신비스런 북과 나팔 때문에 군사를 일으킬 수 없
었다. 적이 가까이 오면 스스로 울리며 소리를 냈던 까닭이
다. 대무신왕의 아들 왕자 호동은 낙랑공주에게 낙랑을 지
키는 북과 나팔을 없애지 않으면 인연을 맺을 수 없다며 선
택을 강요했다.

> 여름 4월에 왕자 호동(好童)이 옥저(沃沮)로 놀러 갔을 때 낙랑왕
> (樂浪王) 최리(崔理)가 출행하였다가 그를 만났다. 그가 이르기를
> "그대의 얼굴을 보니 보통사람이 아니구나. 어찌 북국 신왕(神
> 王)의 아들이 아니겠는가?" 하고는 마침내 함께 돌아와 딸을 아
> 내로 삼게 하였다. 후에 호동이 나라로 돌아와 몰래 사람을 보내

고취악 연주(덕흥리벽화분),

최씨 딸에게 이르기를 "만일 그대 나라의 무기고에 들어가 북과 뿔피리를 찢고 부수면 내가 예로써 맞을 것이고 그렇지 않으면 맞지 않을 것이오." 하였다. 낙랑에는 북과 뿔피리가 있어서 적의 병력이 침입하면 저절로 울었다. 그런 까닭에 이를 부수게 한 것이다. 이 말을 듣고 최씨 딸이 예리한 칼을 가지고 몰래 창고에 들어가 북의 면(面)을 찢고 뿔피리의 주둥이를 쪼갠 뒤 이를 호동에게 알렸다. 호동이 왕에게 말하여 낙랑을 습격하게 하였다. 최리는 북과 뿔피리가 울리지 않아 대비하지 못하였다. 우리 병력이 갑자기 성 밑에 도달한 뒤에야 북과 뿔피리가 모두 부서진 것을 알았다. 마침내 딸을 죽이고 나와 항복하였다.

- 『삼국사기』 권14, 「고구려본기」, 2, 대무신왕 15년 4월.

고구려를 침공하여 서천왕의 능을 파헤치던 모용선비 사람들이 들었던 음악 소리도 고취악이었을 가능성이 크다.

5년(296) 가을 8월에 모용외가 침략해 왔다. 고국원(故國原)에 이르러, 서천왕의 무덤을 보고 사람을 시켜 파게 하였다. 파는 사람 중에 갑자기 죽는 자가 있고, 또 무덤 안에서 음악 소리가 들리므로 귀신이 있는가? 두려워하여 곧 물러갔다.

- 『삼국사기』 권17, 「고구려본기」, 5, 봉상왕 5년 8월.

북과 나팔 소리를 들으면 사냥꾼은 기운이 나지만 짐승들은 놀라 움찔거리거나 숨기에 바빠진다. 대규모 몰이 사냥이 이루어질 때 북과 나팔이 없다면 산에 숨은 짐승들을 들판으로 몰아내기 어렵다. 〈약수리벽화분〉에는 몰이 사냥에 앞서 행렬을 이룬 사람들이 북과 나팔을 연주하며 주위를 소란스럽게 하는 장면이 묘사되었다. 아마 산골짝을 둘러싼 몰이꾼들도 징을 두드리고, 나팔을 불며, 고함을 지르면서 짐승들이 겁에 질려 들판으로 나오게 했을 것이다.

부드럽고 아름다운 선율, 관현악

관현악은 야외보다 실내에서 연주할 때 음색이 더 잘 살아난다. 청중들도 실내에서는 야외의 잡음에 방해 받지 않고 관현악 특유의 청아한 음률에 귀 기울일 수 있다. 고구려 벽화에 묘사된 관현악 연주가 실내나 제한된 공간을 전제로 한 경우가 상대적으로 많은 것도 이 때문이다.

관악기와 현악기가 천상의 연주 장면에 빈번히 등장하는 것은 두 종류 악기의 고유한 음색과 이로 말미암은 정서적 효과 때문이다. 고구려 특유의 소매 춤이 새가 날갯짓하며 하늘로 날아오르거나 하늘에서 내려오는 모습을 연상시킨다면, 이런 종류의 춤에 적합한 연주는 관현악일 수밖에 없다. 부드럽고 우아한 선율이 전제되지 않고 새가 날아오르듯이, 학이나 백로가 나뭇가지에 내려와 앉는 듯한 느낌의 춤이 가능할까?

> 깃털 모양 금장식 절풍모를 쓰고
> 흰색 무용신 신고 머뭇거리는 듯하다가
> 삽시에 팔 저으며 훨훨 춤추니
> 새처럼 나래 펼치고 요동에서 날아왔구나.
>
> -『해동역사』 권51, 「예문지(藝文志)」, 10, 당나라 시인 이백의 시 「고구려(高句麗)」.

고구려 관현악 연주에서 즐겨 사용된 악기는 비파와 현금, 긴저(장적, 고려시대에 퉁소로 개량), 젓대 등이다. 비파와 현금 가운데 선호된 것은 완함과 거문고이다. 〈무용총〉 벽화에는 남녀 두 선인이 마주보며 앉은 채 거문고를 합주하는 모습이 묘사되었다. 고분벽화에 등장하는 유일한 남녀 합주 장면이다. 이 시기 전후 동아시아의 다른 회화에서도 남녀 합주 장면은 찾아보기 어렵다.

구조와 형태상 실내악에서 주로 사용될 수밖에 없는 현금과 달리 완함은 실내외 어디서나 연주가 가능하다. 독주

거문고 합주(무용총).

완함 연주(덕흥리벽화분).

34

나 합주에 다 쓰일 수 있는 현악기다. 선율의 빠르기도 자유자재로 조절할 수 있다. 때문에 완함은 춤과 노래의 반주에도 쓰이고 곡예의 여러 가지 재주가 선보일 때도 반주악기로 등장한다. 〈팔청리벽화분〉의 곡예 장면에는 재주 부리는 사람들 한가운데서 악사가 완함을 연주한다. 〈무용총〉의 군무에서도 춤의 진행을 조절하는 악기는 완함이다.

36종의 고구려 악기

고분벽화와 문헌기록으로 확인되는 고구려 사람의 악기는 36종이다. 기록마다 다르듯이 시대와 지역에 따라 고구려의 악기 수는 더할 수도 있고 덜할 수도 있다. 이 36종은 어떤 것들이 고구려에서 널리 쓰인 악기였는지 알게 한다.

1) 현악기

현악기는 쟁(箏), 탄쟁(彈箏), 추쟁(搊箏), 수공후(竪箜篌), 와공후(臥箜篌: 봉수공후 鳳首箜篌), 4현비파(四絃琵琶), 5현비파(五絃琵琶), 4현금(四絃琴), 5현금(五絃琴), 6현금(六絃琴) 등 모두 10종이다. 쟁이나 공후는 문헌기록에만 보인다.

'쟁, 탄쟁, 추쟁'은 직사각형의 긴 몸통에 현을 여러 줄 걸

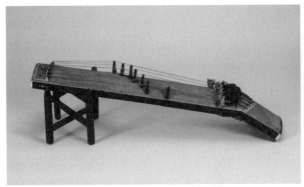

아쟁, 국립국악원.

수공후, 국립국악원.

고현금, 국립민속박물관.

당비파, 국립국악원.

어서 뜯기도 하고 켜기도 하는 악기이다. 가야금의 모델이 쟁이었다고 한다. 가야금은 12현, 일본의 가미코토(神琴)는 13현이다. 수공후, 와공후, 대공후, 소공후로 종류가 나뉘는 '공후'는 고조선 때부터 사용되던 현악기이다.

'님아! 그 강을 건너지 마오 / 님은 기어이 강을 건너시네 / 물에 빠져 돌아가시니 / 가신 님을 어이하리오.' 이 노래는 조선진(朝鮮津)의 병졸 곽리자고(霍里子高)의 아내 여옥(麗玉)이 지은 것이다. 자고가 새벽에 일어나 배를 타고 노를 젓는데 한 백수광부(白首狂夫)가 머리를 풀어헤치고 술병을 들고 거센 물줄기를 헤치며 건너가고 있었다. 그의 아내가 따라가며 멈추라고 외쳤으나 멈추지 않더니 마침내 강물에 빠져 죽고 말았다. 이에 [아내가] 공후(箜篌)를 가지고 뜯으며 '공무도하'라는 노래를 지어 불렀는데, 그 소리가 매우 슬펐다. 곡을 마치자 스스로 몸을 물에 던져 죽었다. 곽리자고가 돌아와 아내 여옥에게 이 이야기를 했다. 여옥이 가슴 아파하며 공후를 가져다가 그 소리를 옮기니 듣는 사람 가운데 눈물을 흘리며 삼키지 않는 이가 없었다. 여옥이 이 소리를 이웃집 여자 여용(麗容)에게 전하매 이름하여 '공후인'이라고 하였다.

-『해동역사(海東繹史)』引『고금주(古今注)』

‘수공후’는 생김새나 연주하는 방법이 하프와 비슷하다. 고대 중근동에서 유행하던 현악기가 중국에서는 수공후, 유럽에서는 하프가 되었다고 한다. 일본 정창원에 소장된 백제금(구다라고토)은 백제에서 사용되던 대공후로 추정되고 있다. 중국에서 사용되던 와공후는 13현, 수공후는 21현, 백제에서 사용되었던 대공후는 23현이다.

비파(완함)와 현금(거문고)은 고분벽화로 확인된다. 고분벽화에 보이는 ‘4현비파’는 중국 동진의 완함이 기존의 비파를 개량하여 만들었다 하여 ‘완함’이다. ‘6현금’은 고구려의 재상 왕산악이 만들었다는 현학금이다. 오늘날 거문고로 불리는 악기이다.

거문고의 제작에 대해 『신라고기(新羅古記)』에서 이르기를 “처음에 진(晉)나라 사람이 칠현금(七絃琴)을 고구려에 보냈다. 고구려 사람들이 비록 그것이 악기(樂器)임은 알지만 그 성음(聲音)과 연주하는 방법을 알지 못하여 국인(國人) 중에 능히 그 음(音)을 알고 연주하는 자를 구하여 후한 상을 준다 하였다. 이때 둘째 재상(第二相)인 왕산악(王山岳)이 그 본 모습을 보존하면서 그 법식과 제도를 약간 고쳐 바꾸어 만들고 겸하여 1백여 곡을 지어 이를 연주하였다. 이때 검은 학(玄鶴)이 와서 춤을 추니 마침내 현학금(玄鶴琴)이라 이름하고 이후로는 다만 거문고(玄琴)라 불렀다.

-『삼국사기』권32, 「잡지(雜志)」1.

완함은 둥근 음향부에 곧고 긴 자루가 달린 악기이다. 〈안악3호분〉, 〈덕흥리벽화분〉, 〈삼실총〉, 〈강서대묘〉 벽화에 묘사되었다. 〈무용총〉 벽화에도 긴소매 춤의 반주 악기로 등장한다. 〈삼실총〉의 완함은 자루 끝에 4개의 줄감개가 있어 4현임을 알게 한다. 형태만으로도 오늘날 중앙아시아에서 사용되는 비파 계통의 악기를 원형으로 삼았음을 알 수 있다. 머리에 두광이 있는 〈삼실총〉의 천인은 왼손으로 긴 자루 쪽 현을 번갈아 누르면서 오른손으로 둥근 음향부 위의 현을 튕겨 소리를 내고 있다. 현대의 대중적 악기인 기타와 사용법이 같다.

〈무용총〉 널방 천장고임에는 남녀 두 선인이 마주 보며 '4현금'을 연주하는 장면이 묘사되었다. 벽화의 선인은 무릎 위에 긴 현금판을 비스듬히 기울어지게 걸친 후, 왼손으로는 현을 누르고 오른손으로는 짧은 술대로 현을 타 소리를 내고 있다. 현대의 거문고 연주법과 다르지 않다. 목이 가늘고 길며 귀는 당나귀를 연상시키는 남자 선인 무릎 위

비파(완함)을 연주하는 천인(삼실총).

현금(거문고) 타는 선인(무용총).

현금의 제2현과 제3현 사이에 17개의 괘가 있다. 〈안악3호분〉과 〈태성리1호분〉 벽화에 보이는 유사한 형태의 악기는 '6현금'이다. 벽화 속 6현금은 금판의 끄트머리 쪽에서 3현씩 둘로 나누어 감아 걸게 했다.

비파와 현금은 집안 국내성 지역 고분벽화에 자주 보인다. 주로 선인과 기악천이 이런 악기들을 연주한다. 기악천이란 악기를 다루는 불교의 천인을 일컫는 말이다. 천인은 불교에서 말하는 윤회하는 자들의 6가지 서로 다른 세계 가운데 하늘 세계에 사는 사람이다. 그러나 천인은 윤회에서 벗어난 세계, 정토에도 등장한다. 실제 불교 회화에서 천인은 여래의 자비와 보살의 공덕을 찬양하며 기리는 존재로 묘사된다.

고구려에 불교가 전해지고 공인될 때, 가장 먼저 깊은 영향을 받은 곳은 427년까지 고구려의 서울이었던 집안 국내성 지역이다. 당연히 불교와 함께 전해진 서방 문화의 세례를 받은 지역도 국내성 일대이다. 고분벽화에 기악천이 등장하는 것도 이런 새로운 문화 흐름 속에서 이해될 수 있다.

436년, 고구려와 국경을 맞대고 있던 북연이 멸망했다. 북위가 북연의 서울 용성을 공략하기 시작하자 고구려 장수왕은 대군을 보내 북연의 왕족, 귀족, 유력자들을 고구려로 망명 올 수 있게 했다. 당시 고구려군과 북연 망명자들의 행렬 길이만 80리에 이르렀다고 한다.

> 5월에 연나라 왕이 용성에 거주하는 가호를 거느리고 동쪽으로 옮기면서 궁전을 불태웠다. 불이 열흘이 되도록 꺼지지 않았다. 부인들은 갑옷을 입고 가운데 있게 하고, 양이 등은 정예군을 통솔하며 바깥에 서게 했다. 갈로, 맹광은 기병을 거느리고 대열의 맨 뒤에 섰다. 벌린 대열을 하고 나갔는데 앞뒤가 80여 리나 되었다.
>
> - 『삼국사기』 권18, 「고구려본기(高句麗本紀)」 6, 장수왕 24년.

한때 북중국에서 강국으로 위세를 떨쳤던 북연의 수도 용성에는 여러 민족이 섞여 살았다. 5호 16국시대에 북중국에서 명멸했던 다른 나라들처럼 모용선비의 나라 북연도 불교국가였다. 용성에는 절도 많았고 승려도 많았다. 서방세계의 불교문화가 소개되고 자리 잡고 있었음은 물론이다. 북중국의 나라들 사이에 갈등과 전쟁은 있었지만, 승려가 오가고 불교 경전과 미술품이 이 나라에서 저 나라로 전해지는 일은 그치지 않았다.

기록에 따르면 북연이 멸망한 뒤, 고구려가 서역의 기악

젓대 부는 천인(오회분4호묘).

소를 연주하는 악사(안악3호분).

젓대와 쌍뿔나팔을 연주하는 천인들(강서대묘).

큰 뿔나팔 부는 선인(삼실총).

을 얻게 되었다고 한다. 그러나 서역문화가 북연 망명객들을 다리 삼아 고구려에 전해졌다고 볼 수도 있다. '5현비파'도 북연 멸망과 함께 고구려에 전해진 악기로 추정된다.

북연이 멸망한 뒤 북위와 국경을 맞대게 된 상태에서 북위를 통해서도 서역문화가 고구려에 전해지는 일은 계속되었을 수 있다. 북위와 갈등을 빚고 있던 유목세계의 패권국가 유연을 통해 고구려에 전해지는 서역문화도 있었을 것이다. 당시 고구려는 북위뿐 아니라 유연과도 외교 관계를 유지하고 있었다.

고구려 기악은 6세기 이후 한 차례 정비된다. 아마 이때 서역의 악기며 노래, 춤 등도 고구려 문화의 일부로 수용되고 자리 잡았던 듯하다. 7세기 당에서 정비된 9부기의 서량기(西凉伎)에 포함된 악기 가운데 상당수가 고구려 악기와 겹치는 것도 이 때문이 아닐까? 고분벽화의 기악천이 주로 다루는 현악기가 완함인 것도 불교를 통한 서역문화의 흐름과 관련하여 이해할 수 있다고 하겠다.

2) 관악기

관악기는 생(笙), 호로생(葫蘆笙), 적(笛, 저), 의자적(義觜笛), 횡적(橫笛, 橫吹, 젓대), 소(簫), 소필률(小篳篥, 작은 피리), 대필률(大篳篥, 큰

피리), 도피필률(桃皮篳篥), 패(唄), 대각(大角, 큰 뿔나팔), 소각(小角, 작은 뿔나팔), 쌍구대각(雙口大角, 쌍뿔나팔) 등 13종이다.

'생'은 현재 국악기로 사용되는 것은 생황으로 불리며 바람통에 17개의 죽관이 꽂혀 있다. 죽관에 난 구멍을 막으면서 바람구멍에 입을 대고 불거나 숨을 들이마시는 방식으로 음을 낸다. '호로생'은 조롱박의 큰 박 부분을 바람통으로 삼아 죽관을 꽂아 만든 생황의 한 종류이다. 조롱박의 꼭지 쪽 긴 대가 바람구멍으로 사용된다.

'적(저), 황적(젓대)'는 세로로 부는 악기로 대가 피리보다 굵고 길다. 형태나 연주하는 방식이 오늘날의 퉁소와 같으나 대가 더 길어 불기 어렵다. 〈안악3호분〉 널방 벽에 묘사된 세 명의 악사 가운데 한 사람이 부는 저(적)는 끝이 무릎 꿇은 악사의 무릎 앞까지 내려올 정도로 길다. 〈강서대묘〉의 비천, 〈오회분4호묘〉의 천인이 연주하는 젓대(황적)는 가로로 부는 악기이다. 오늘날의 젓대와 형태 및 사용법이 같다.

'소'는 길고 짧은 대 토막을 옆으로 나란히 붙여 만든 악기이다. 부는 쪽이 수평을 이룬다. 두 손으로 악기의 좌우 아래쪽을 잡고 수평이 된 위쪽에 입을 대고 불어 소리를 낸다. 연주법이 하모니카와 비슷하다. 금속이 아닌 대로 만든 악기여서 음이 날카롭지 않고 부드럽고 깨끗하다. 악사가

생황, 국립민속박물관.

퉁소, 국립민속박물관.

젓대(전통악기 대금을 개량
하여 만든 북한 관악기), 국립
민속박물관.

말을 타고 가면서 소를 연주하는 모습이 〈안악3호분〉「대행렬도」에 묘사되었다. 〈오회분4호묘〉와 〈오회분5호묘〉 벽화에도 소를 연주하는 천인이 등장한다. 백제 금동대향로의 5악사 가운데 한 사람이 연주하는 소의 관대는 12개이다.

소필률, 대필률, 도피필률로 구분되는 '피리'는 4세기경 서역의 쿠차에서 중국으로 전해졌다는 악기다. 고구려가 이 악기를 중국의 북조국가들이나 내륙아시아 유목국가를 통해 받아들인 것도 4세기 후반 이후로 보아야 할 것이다. 이 중에서도 '도피필률'이란 복숭아나무 껍질을 재료로 삼아 만든 피리이다. 소리를 내는 구멍을 6개 낸 것이 대부분이다. 고려에서는 구멍이 7개인 것은 속악의 향피리, 9개인 것은 당악의 당피리로 구분했다.

패는 목이 짧은 나팔로 외형이 소라와 비슷하다. 〈통구사신총〉의 신장형 문지기의 왼손에 들린 물건을 패로 보기도 한다. 문헌기록에는 언급되지 않으나 고분벽화에는 대각, 소각, 쌍구대각으로 나뉘는 '뿔나팔'이 자주 보인다. 산양이나 소의 뿔을 신호용 도구로 사용하면서 관악기의 하나가 되었다.

〈안악3호분〉「대행렬도」에는 말을 타고 가면서 작은 뿔나팔을 부는 악사가 등장한다. 〈대안리1호분〉에는 말을 탄

소, 국립국악원.

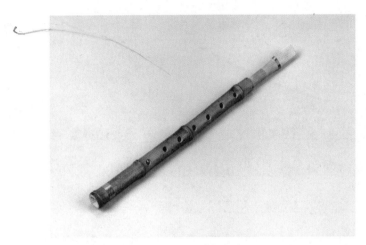

당피리, 국립국악원.

뿔나팔, 국립민속
박물관.

채 큰 뿔나팔을 부는 악사가 묘사되었다. 〈무용총〉과 〈삼실총〉 벽화에서는 선인이 하늘을 날면서 큰 뿔나팔을 연주한다. 〈무용총〉 벽화의 큰 뿔나팔은 사람의 팔 길이 정도로 길다. 〈강서대묘〉 벽화의 비천이 불고 있는 쌍뿔나팔은 유독 길어 비천의 팔 길이 보다 길다. 끝이 두 갈래로 갈라지면서 나팔 입처럼 굵어졌다. 커다란 소라의 뾰족한 끝에 구멍을 뚫어 바람구멍으로 쓴 것은 소라나팔(나각)이라고 하며 고구려 고분벽화에는 보이지 않는다.

3) 타악기

타악기는 13종으로 요고(腰鼓, 장고), 제고(齊鼓), 담고(擔鼓, 메는 북), 귀두고(龜頭鼓), 철판(鐵板), 건고(建鼓, 세운 북), 현고(懸鼓, 거는 북), 마상고(馬上鼓, 말북), 개고(揩鼓), 도고(鞀鼓, 흔들 북), 담종(擔鐘, 메는 종), 요(鐃), 금고(金鼓, 쇠북)이다. 북 종류가 압도적으로 많다. '제고, 귀두고, 철판' 등은 문헌기록에는 보이나 고분벽화에는 등장하지 않는다. 이런 까닭에 형태며 사용법이 명확히 확인되지 않는다.

〈오회분4호묘〉 벽화의 천인이 연주하는 '요고'는 왼쪽 북면은 채로 치면서 오른쪽 북면은 손으로 쳐서 울리는 북이다. 오늘날 장고로 불리는 악기의 형태와 연주법이 같다.

장고, 국립민속박물관.

건고, 국립국악원.

'건고'는 받침기둥에 올려놓고 연주하는 북이다. 북통의 배가 부르고 큰 것이 특징이다. 〈평양역전벽화분〉에 전형적인 건고가 묘사되었다. 북 위에도 대를 올려 술로 장식된 덮개를 단 것이 눈에 띈다.

〈안악1호분〉 벽화에는 〈평양역전벽화분〉의 건고와 유사한 형태의 매단 북이 위를 호선형으로 구부린 대 아래 달려 있다. 대를 지탱하는 좌우의 기둥까지 포함하면 이 북을 걸어 놓고 연주하는 공간이 넓다. 현고(거는 북)는 두 사람의 악사가 함께 연주할 수도 있음을 시사한다. 〈안악3호분〉 대행렬도의 악사가 연주하는 마상고(말북)는 말머리 뒤쪽에 설치되었는데, 북 위에 덮개를 세웠다.

도고(흔들 북)는 자루를 손에 쥐고 흔들면 자루 끝의 북 좌우 끈에 매달린 작은 구슬이 북면을 두드리도록 설계된 악기다. 〈약수리벽화분〉 행렬도의 악사는 말 위에서 이 북을 연주한다. 〈덕흥리벽화분〉의 악사도 뿔나팔 부는 악사와 함께 말을 달리면서 이 북을 연주한다.

담종(메는 종)은 〈안악3호분〉 벽화에 보인다. 두 사람이 종이 달린 대를 어깨에 걸고 걷는 동안 악사는 곁에서 따라가며 끝이 둥근 막대로 종을 두드린다. '요'는 작은 종과 같은 형태의 악기로 거꾸로 들고 짧은 쇠막대로 두드려 연주한

요고를 연주하는 천인(오회분4호묘).

말북(마상고)을 연주하는 악사(안악3호분).

흔들 북(도고)을 연주하는 악사(덕흥리벽화분).

메는 종(담종)을 연주하는 악사(안악3호분).

큰 금고(쇠북)를 연주하는 악사(수산리벽화분).

작은 금고(쇠북)를 연주하는 악사(안악3호분).

징(담종), 국립민속박물관.　　　　　　　청동금고, 국립중앙박물관.

다. 〈안악3호분〉 대행렬도에 보인다.

　〈약수리벽화분〉과 〈수산리벽화분〉에는 금고(쇠북)를 연
주하는 장면이 묘사되었다. 두 사람이 이 북을 메고 가는
동안 악사가 곁에서 따라가면서 이 북을 두드린다. 〈약수리
벽화분〉의 것은 작아 두 사람이 메고 가는 데 어려움이 없
는 것으로 보인다. 그러나 〈수산리벽화분〉의 금고(쇠북)은
매우 크다. 좌우에 기둥, 위에 넓은 덮개가 있는 것이어서
운반하는 사람도 힘겨워한다.

3장

긴소매로 춤을,
높은 나무다리로 재주를

장천1호분 「백희기악도」 중 부분 모사도,
정기환필 장천1호분무악도(鄭基煥筆 長川1號墳舞樂圖), 국립중앙박물관.

훨훨 휘젓는 춤과 그리움을 담은 노래

흰바탕 홍십자무늬 긴소매 저고리에 통넓은 바지 차림의 무용수가 잔주름치마 위에 긴 두루마기를 걸친 연주자를 반갑게 맞는다. 연주자 뒤에는 두 손으로 오현금을 조심스레 세워 든 소녀가 따른다. 얼굴에 흰 분을 바르고 볼과 이마에 붉은 연지를 찍어 멋을 낸 연주자가 무릎 꿇고 앉아 거문고의 현을 튕겨 보는 동안 얼굴 가득 붉은 분을 바른 무용수는 긴장한 표정으로 기다린다.

거문고 소리가 맑고 상쾌한 시냇물 소리를 내자 무용수의 어깨가 들썩이며 긴소매가 너풀거리고 바지자락이 펄럭인다. 손목 끝이 접혔다가 펴지는가 하면 발끝이 앞으로 나왔다가 뒤로 물러선다. 냇물 소리가 빠르면 걸음도 빨라지고 물이 천천히 흐르면 소맷자락도 부드러운 물결이 된다. 무용수가 꽃을 찾는 나비가 되면, 연주자는 꽃 사이로 숨바꼭질하는 꿀벌이 된다. 두 사람의 둘레에는 오현금 소리와 춤사위에 빠져든 눈과 귀뿐이다.

한 발을 앞으로 내디디며 한쪽 팔은 휘둘러 앞으로 내고, 다른 팔은 뒤로 젖혀 긴소매가 나풀거리게 한다. 넓은 소매 훨훨 휘저으며 빠르게 장단에 맞추어 간다. 소매와 바지 끝으로 바람이 인다. 물결이 일렁인다. 춤이 앞서가면 연주가 뒤따르고, 소리가 휘감아 들어오면 손짓, 발짓이 소리를 밀었다 당긴다. 튕겨 내기도 한다.

두 사람 사이에서 봉오리가 꽃이 되고, 이파리가 줄기를 낸다. 무용수 머리의 흰 책관이 붉은 얼굴 위로 더욱 희게 빛나고 연주자 머리의 이파리 모양 보요가 곱고 빠르게 흔들리며 그에 답한다. 연주자의 긴 주름치마 끝에 살짝 비치는 붉은 가죽신 끝이 무용수의 몸짓을 따르는지, 거문고 가락에 맞추는지 보일 듯 말 듯 까딱거린다.

고구려 춤은 소매 춤이고 날개 춤이다. 끝이 팔 길이만큼 더 내려오는 긴소매를 학이 날갯짓하듯 휘휘 내저으며 발을 내디뎠다가 뒤로 빼고, 무릎까지 굽혔다가 펴되 부드럽고 편안하게 움직인다. 때로 빠르게 내달리다가 문득 서며 한 바퀴 돌기도 한다. 중국 당나라의 시인 이백이 고구려 춤을 보면서 '요동에서 날아온 새' 같다고 했다. 고구려 춤은 학이며 두루미의 날갯짓에서 비롯되었는지도 모를 일이다.

춤꾼은 평범한 백성이다. 왕이나 귀족이 흥이 나면 춤을 추는 일도 있으나 축제 마당에 불려 오는 이는 춤을 업으로 삼은 춤꾼이다. 신분 따라 옷차림까지 따졌던 사회에서도 춤꾼이 춤출 동안은 모자 장식이며 옷, 화장도 자유를 누리게 했다. 춤꾼은 춤을 위해서라면 신분을 넘어서는 옷차림으로 무대에 올라도 제지받지 않았다.

고구려 춤꾼도 춤출 동안은 머리에 책관을 쓰고, 새 깃 가득한 절풍을 쓸 수 있었다. 아름다운 장식무늬로 수놓은 통 넓은 비단바지를 입어도 모두가 고개를 끄덕거렸다. '옷이 문젠가? 춤이 먼저지.' 새 깃 가득한 절풍에 비단 저고리와 바지 차림의 춤꾼이 춤사위로 학이며 두루미가 되면 둘러서 보는 이들은 저도 가없는 하늘을 훨훨 날고 푸른 솔 꼭대기 살짝 내려앉는 것 같은 느낌을 받았다.

고구려 땅에 가을이 오고, 축제가 시작되면 축제마당 한 가운데 춤꾼 자리가 만들어지고 귀족이며 백성이 너나없이 그 자리를 둘러섰다. 모두가 학이 되고 두루미가 되어 푸른 하늘을 맘껏 날고 싶어서였으리라.

이처럼 고구려 축제에서 빼놓을 수 없는 것이 춤과 음악이다. 그중에서도 춤은 중국인 방문자의 기록에도 있듯이 고구려인들에게 일상의 일부였다. 당시의 춤사위는 고분벽화에 잘 묘사되어 있다.

〈장천1호분〉 앞방 「백희기악도」는 한 화면에 펼쳐진 10여 가지 에피소드로 잘 알려졌다. 코가 높고 눈이 큰 서역계 인물들이 대거 등장하는 것으로도 눈길을 끌었다. 화면의 서편 상부에 묘사된 오현금 연주와 춤도 흥미로운 에피소드의 하나라고 할 수 있다.

「백희기악도」의 춤과 연주 장면은 한 화면에 연속 동작을 그림으로 나타내는 이시동도법(異時同圖法)으로 그려졌다. 위의 세 인물 가운데 제일 왼쪽에 그려진 사람은 무용수다. 얼굴을 붉게 화장했고 머리에 붉은 술이 달린 흰 책관(幘冠)을 썼다. 좁고 긴소매 저고리를 걸쳤으며 바짓단 가까운 곳에 검은색의 얇은 띠가 한 줄 둘린 통 넓은 바지를 입었다. 오른팔을 아래로 늘어뜨리고 왼손에 작은 꽃봉오리 가지를 든 채 오른편을 향해 서 있다. 무용수가 얼굴에 바른 붉은 분은 흰 분에 홍화 잎에서 추출한 붉은 염료를 섞어 만든 것이리라.

가운데 여자는 연주자다. 얼굴에 흰 분을 바르고 입술을 붉게 칠했으며 미간에 곤지를, 볼에 연지를 찍었다. 양 귀밑 머리를 앞으로 말았고 뒤로 내린 단발머리가 목 뒤에서 위로 구부러지면서 비둘기 꽁지처럼 좌우로 펼쳐졌다. 겉에 검은색 어깨 덮개가 달린 연한 황색의 좁은 허리 맞섶에 깃이 있는 긴치마를 입었다.

화면 아래 등장하는 세 사람 가운데 얼굴을 붉게 칠한 왼편의 인물은 춤을 추고 있다. 머리에 흰 책관을 썼고 긴소

5현금 반주에 맞춘 춤(장천1호분).

매 저고리에 통 넓은 바지 차림이다. 오른쪽 발로 땅을 딛고 왼쪽 다리를 살짝 펴며 일어선다. 발바닥은 땅에 닿은 상태다. 오른팔을 옆으로 뻗고 왼팔은 옆으로 뻗은 상태에서 안으로 굽혀 손목이 가슴 앞에 이르게 했다. 약간 앞으로 굽혔던 몸을 서서히 일으키고 있다.

춤추는 사람 앞에 땅 위에 무릎 꿇고 앉아 거문고로 반주하는 여자 한 사람이 묘사되었다. 연주자의 뒷머리 끝이 목 뒤에서 위로 휘었고, 양 귀밑머리 두 가닥이 앞쪽으로 말려 올라갔다. 머리에 이파리 모양 보요를 꽂았다. 그리고 검은색 어깨 덮개가 달린 흰색 맞섶의 긴치마를 입었다. 거문고 연주자 뒤에 녹색 깃이 달린 치마의 아랫단이 보인다. 한 여자가 서 있었던 것으로 보이나 벽화가 남아 있지 않다.

위아래 두 장면에 등장하는 사람들의 옷차림, 머리 모양, 얼굴 생김 등을 꼼꼼히 비교해 보면 저고리와 바지를 비롯해 옷 색깔이 다르지만, 무용수와 연주자, 시녀가 두 차례 그려졌음을 알 수 있다. 화면에 등장한 사람들이 와서 만나고 연주하며 춤추는 장면이 잇달아 묘사된 경우다. 춤추는 이의 옷차림과 자세, 반주에 쓰인 악기의 음색을 고려할 때 화면에 묘사된 춤은 고구려 특유의 긴소매 춤이다.

〈장천1호분〉「백희기악도」의 춤이 홀로 추는 춤을 잘 보여 주는 사례라면 〈마선구1호분〉과 〈통구12호분〉 벽화의 춤은 2인무의 대표적 장면에 해당한다. 〈통구12호분〉 벽화의 2인무는 거문고 반주에 맞춘 춤이다. 무릎 위에 거문고를 걸친 채 연주에 몰두하는 악사 앞에서 서로 마주 보며 춤추는 두 사람의 무용수는 긴 저고리에 통 넓은 바지 차림이다. 노란 저고리에 푸른 바지 차림인 화면 왼편의 무용수는 왼쪽 다리를 앞으로 내디디면서 두 팔을 위로 들어 올렸다. 순간적인 동작임을 나타내듯 긴소매가 앞으로 늘어져 내리며 너풀거린다.

화면 오른편 무용수는 소매 긴 붉은 저고리에 통 넓은 푸른 바지 차림이다. 맞은 편 무용수와 달리 왼쪽 발을 뒤로 빼 세우면서 왼팔은 뒤로 젖히고 오른팔은 가슴께로 올리며 안으로 굽혔다. 이 역시 순간적인 동작이어서 오른팔의 긴소매가 가슴 앞에서 아래로 늘어뜨려지며 너풀거린다. 〈통구12호분〉의 이 장면은 거문고 연주에 맞춘 두 무용수의 부드럽고 자연스러운 몸놀림이 잘 포착되고 묘사된 경우이다.

〈무용총〉 「가무배송도」의 춤은 여러 사람이 참여한 춤과 노래, 이를 위한 완함 연주가 하나로 어우러진 사례를 잘 보여 준다. 화면에는 춤을 이끄는 사람과 열을 이루어 춤추는 사람까지 모두 6명의 무용수가 남아 있다. 춤을 이끄는 한

두 사람의 춤(마선구1호분).

거문고 연주에 맞춘 두 사람의 춤(통구12호분).

사람의 무용수 앞에는 마주 보는 자세로 한 사람이 나란히 선 두 다리가 남아 있다. 1935년 발굴 당시 보고된 완함을 연주하는 사람이다.

머리에 새 깃 장식 절풍을 쓴 왼쪽 줄 첫 번째 무용수는 소매 긴 저고리에 통 넓은 바지 차림이다. 이 무용수와 나란히 선 두 사람은 소매 긴 두루마기 차림이다. 오른쪽 줄의 두 사람은 소매 긴 저고리와 통 넓은 바지 차림이다. 무용수들이 입은 붉고 노란 저고리며 바지, 두루마기에는 검은색 원점이 고르게 찍혀 집안 국내성 지역 복식의 특색을 잘 드러낸다.

눈길을 끄는 것은 아래쪽 3명, 2명으로 두 줄을 이룬 무용수들이 서로 색이 엇갈리게 저고리와 바지, 두루마기를 걸쳤다는 사실이다. 왼쪽 줄의 무용수 셋 가운데 옷차림이 같은 두 번째와 세 번째 사람은 서로 두루마기 색깔이 다르다. 오른쪽에서 줄을 이룬 두 무용수의 붉고 노란색 저고리와 바지 색도 서로 위아래가 엇갈린다. 무용수들의 춤을 보는 이로 하여금 다른 옷 색깔로 변화와 조화를 동시에 느낄 수 있게 하려는 의도를 읽을 수 있다. 위쪽의 한 사람까지 6명의 무용수는 모두 무릎을 살짝 구부리고 엉덩이는 뒤로 내민 채 두 팔을 위로 올리며 휘둘러 긴 옷소매가 뒤로 펄럭이

완함 반주에 맞춘 여러 사람의 춤(무용총).

게 했다. 두루미나 학이 긴 나래를 펼치는 듯한 바로 그 자세이다. 이들 아래에는 7명으로 이루어진 합창대가 등장한다.

〈장천1호분〉과 〈옥도리벽화분〉에서도 무용수와 합창대가 함께 표현된 장면을 찾아볼 수 있다. 〈옥도리벽화분〉 널방 동벽 화면은 가로 구획선으로 3등분 되었으며 가무도는 가운데 단에 묘사되었다. 화면 왼편에 오른편을 향해 나란히 선 7명의 가수가 노래 부르는 모습이, 오른편에 9명의 무용수가 춤추는 장면이 그려졌다. 화면 왼쪽 합창대 제일 앞의 인물은 노란 저고리에 검은 바지 차림이며, 두 번째 사람은 검은 저고리에 노란 바지, 세 번째 인물은 검은 저고리에 회색 바지이다. 이들 뒤로 푸른 두루마기에 긴 주름치마 차림의 사람 셋, 누런 저고리에 회색 바지 차림의 인물 하나가 잇달아 서 있다. 7명의 등장인물이 걸친 저고리와 두루마기는 하나같이 왼쪽 여밈이다.

화면 오른쪽 무용수 가운데 첫째 인물과 둘째 인물은 머리에 새 깃을 꽂은 관모를 썼고 각각 긴소매 회색 저고리와 노란 바지, 긴소매 노란 저고리와 흰 바지 차림으로 마주 보며 두 팔을 앞으로 올려 긴소매를 늘어뜨린 자세로 춤을 춘다. 세 번째 무용수부터 아홉 번째 무용수까지 7명은 모두 왼편의 합창대를 향해 허리를 살짝 굽히고 두 팔을 뒤로 빼

여러 사람의 춤(장천1호분).

여러 사람의 춤(옥도리벽화분).

며 나란히 올린 긴소매 춤 자세이다. 세 번째 인물은 머리에 새 깃 관모를 쓰고 긴소매 노란 저고리와 회색 바지를 입었다. 네 번째 인물은 내린 머리에 긴소매 회색 저고리 차림이며, 세 번째, 네 번째, 다섯 번째 인물은 노란색과 연청색 두루마기와 긴 주름치마를 입었다. 여섯 번째 인물은 노란 저고리에 회색 바지 차림이며 일곱 번째 인물은 긴소매 회색 저고리만 보인다. 등을 돌려 확인이 되지 않는 두 번째 무용수 외에 나머지 여덟 명의 무용수들도 왼편의 가수들처럼 저고리와 두루마기는 왼쪽 여밈이다.

〈옥도리벽화분〉 가무도에는 악기로 반주하는 인물이 등장하지 않는다. 그러나 합창대와 무용수 사이의 그림이 지워진 상태여서 이 자리에 완함 연주자가 표현되었을 가능성은 있다. 긴소매 춤을 묘사한 〈무용총〉 가무도를 포함하여 다른 고분벽화 무용도에 완함이나 거문고 연주자가 등장하는 사례를 고려하면, 화면에는 표현되지 않아도 옥도리벽화분의 춤과 노래 역시 현악기 연주 소리에 맞추어 펼쳐졌을 수 있다. 신라의 금도 춤과 노래를 위해 연주되었다.

일찍이 영계기의 사람됨을 사모하여 가야금을 가지고 다니면서 기쁨과 노여움, 슬픔과 기쁨, 마음에 못마땅한 일을 모두 소리로 나타냈다. 한 해가 저물려고 할 때 이웃에서 곡식을 찧었다. 그의 아내가 방아 찧는 소리를 듣고 "다른 사람들은 모두 곡식이 있어 찧는데, 우리만 없으니 어떻게 해를 넘길까?" 하였다. 선생이 하늘을 우러러 탄식하며 말하였다. "대저 죽고 사는 것은 명이 있는 것이요, 부귀는 하늘에 달린 것이니, 오는 것을 막을 수 없고, 가는 것을 좇을 수 없는데 당신은 어찌 그리 마음 아파하시오? 내가 당신을 위하여 방앗소리를 내 위로하리다." 이에 가야금을 연주하여 방아 찧는 소리를 냈다. (이것이) 세상에 전하여져 이름을 방아타령[대악(碓樂)]이라고 하였다.

-『삼국사기』 권48, 「열전(列傳)」 8.

다음으로 대금무(碓琴舞)를 연주할 때에는 무척(舞尺)은 적의, 금척(琴尺)은 청의였다.

-『삼국사기』 권32, 「잡지」 1.

거문고나 완함 연주에 맞춘 고구려의 긴소매 춤과 다른 유형의 춤도 고분벽화로 확인할 수 있다. 〈안악3호분〉 널방 동벽에는 세 사람의 악사와 한 사람의 무용수가 등장하는 춤-연주 장면이 그려졌다. 세 악사가 연주하는 긴 저와 완함, 6현금 소리에 맞추어 무용수는 다리를 벌리며 두 발

관현악 반주에 맞춘 춤(안악3호분).

을 엇갈리게 해 'X'자를 이루게 하고 발뒤꿈치는 들었다. 눈이 둥글고 크며 심한 매부리코인 무용수는 붉은 원점으로 가득한 머리쓰개 비슷한 것으로 머리를 덮은 상태여서 특정한 형상의 탈을 쓴 듯한 느낌도 준다. 탈을 쓰지 않았다면 이 무용수는 서역계 사람이다. 입을 크게 벌린 채 고개를 오른쪽으로 돌리고 몸도 오른쪽으로 틀었으며 두 손을 배 앞에 올려 손뼉을 치는 듯한 자세로 서 있다.

춤의 성격은 명확하지 않으나 벽화의 무용수가 고구려의 전형적인 긴소매 춤과는 다른 이국적인 춤사위를 보여 주고 있음이 틀림없다. 불고, 뜯고, 튕기는 관악기와 현악기가 반주되는 것으로 보아 선율이 부드럽고 우아하였을 수도 있다. 그러나 무용수의 자세로 보면 세 사람의 악사가 연주하는 곡은 리듬과 박자가 빨라 춤사위에도 속도감이 붙어 있었을 것이다.

문헌기록에는 전혀 언급이 없는 춤으로 타악기 연주에 맞춘 격렬한 몸놀림이 특징인 춤도 고분벽화에 묘사되었다. 무용수는 대개 남자다. 칼, 창, 활과 같은 무기나 그 외의 도구를 들고 추는 춤이 여기에 해당하는데, 이런 춤은 행렬 중에 이루어지는 것이 일반적이다.

〈쌍영총〉 널길 벽에는 두 사람의 큰 북 연주에 맞추어 한 남자가 창을 들고 춤추는 장면이 묘사되었다. 동벽과 서벽에 각각 30명가량의 남녀가 등장하는 장면 일부여서 북소리에 맞춘 합창과 창 춤으로 이해하기도 한다. 그러나 현재 벽화의 이 부분은 남아 있지 않다.

〈약수리벽화분〉 수렵도에는 사냥을 위한 행렬 안에 기마 고취악대와 두 사람의 무용수가 등장한다. 큰 뿔나팔과 두 개의 말북이 연주되는 와중에 악대 좌우에서 각각 달리는 듯한 자세와 두 팔과 두 다리를 활짝 벌린 두 남자의 모습이 보인다. 이 유적의 조사 보고자는 두 남자가 씩씩하고 힘 있는 동작으로 춤추는 모습으로 해석한다. 〈안악3호분〉 앞방 남벽의 남자들도 세운 북과 소를 연주하는 악사들의 음악에 맞추어 칼이나 창을 들고 흔들며 춤추는 무용수로 해석되고 있다.

고구려에서 유행한 것으로 알려진 '호선무'를 고분벽화로는 확인하기 어렵다. 호선무는 중앙아시아 사마르칸드를 중심으로 번성하던 강국(康國: 우즈베키스탄 사마르칸드)의 춤이었다. 불교와 함께 서역문화의 일부로 고구려에 받아들여진 뒤 고구려 춤의 하나가 된 경우이다. 이름으로도 알 수 있듯이 호선무는 악기 연주에 맞추어 작고 둥근 양탄자 위에서 몸을 바람처럼 빠르게 돌리는 춤이다. 새가 날아오르거나 천천히 내려앉는 듯한 고구려 특유의 긴소매 춤과 춤사위가 다르다. 〈고산동10호분〉에 묘사된 세 무용수의 춤을 호선무로 추정하기도 한다. 그러나 벽화에 묘사된 무용수는 긴소매 저고리와 통 넓은 바지 차림이며 한 발을 앞으로 내디디면서 한쪽 팔은 휘둘러 앞으로 내고 다른 팔은 뒤로 젖혀 긴소매가 너풀거리게 한다. '넓은 소매 훨훨 휘젓는' 바로 그 춤이다.

고구려의 노래로 이름만 남아 전하는 것이 가곡으로는 「지서(芝栖)」, 무곡(舞曲)인 「가지서(歌芝栖)」 등이 있다. 가사가 전하는 것은 유리명왕이 불렀다는 「황조가(黃鳥歌)」가 유일하다. '펄펄 나는 저 꾀꼬리는 암수가 서로 노니는데 외로울사 이내 몸은 뉘와 함께 돌아갈꼬.' 친정으로 돌아간 치희의 마음을 돌리지 못하고 혼자 돌아오던 유리왕이 지었다는 이 노래는 꾀꼬리에 빗대 제 짝을 그리워하는 마음을 잘 담아낸 점에서 서정성이 매우 높은 작품으로 평가받는다.

당의 측천무후 시기에 중국에서 정리하여 기록으로 남긴 고구려 노래는 25곡이다. 「지서」와 「가지서」는 중앙아시아 안국(安國: 우즈베키스탄 부하라)에서 동방세계로 전해진 악곡이다. 「박모(狛鉾)」, 「고려용(高麗龍)」, 「박견(狛犬)」, 「아야기리(阿夜岐理)」는 일본에 전해진 고구려의 무곡이다. 여기서 「박견」은 불교의 여래상 곁에 그려지고 탑이나 사원의 지킴이로 조각, 장식되던 사자를 온갖 사악한 힘을 물리치는 존재로 인식하면서 성립한 사자춤의 일종이다. 서역에서 중국을 거쳐 고구려에 전해지고 고구려의 '잡귀와 액운을 물리치는 개'에 대한 관념과 섞이면서 벽사(辟邪)를 위한 탈춤으로 변형, 재창조된 것이다. 이것이 신라를 거쳐 일본에 전해졌다. 여기서 '액운을 없애는 개'로 토종개인 삽살개가 있다. '삽살개 있는 곳에는 귀신도 얼씬 못 한다'는 말도 있다. 고구려 〈각저총〉 벽화의 맹견도 무덤 입구에서 사악한 것이 틈타지 못하게 지키는 존재다.

이 외에 「진숙덕(進宿德)」, 「퇴숙덕(退宿德)」, 「장보악(長保樂)」, 「길고(桔槔)」 등의 무악은 서역에서 고구려로, 다시 신라를 거쳐 일본에 전해졌다. 「진숙덕」, 「퇴숙덕」은 7세기까지 소그드인들의 땅으로 알려졌던 숙덕(속특, 소그디아나, 현재의 우즈베키스탄 사마르칸드 일대)에서 유래한 탈춤이다. 고구려에 알려진 뒤 고구려의 무악이 되었다가 신라에서는 '속득'이라는 이름의 춤이 되고 일본에도 전해지게 된다. 신라 최치원이 지은 《향악잡영》 5수 가운데 소그드 사람들의 탈춤을 묘사한 「속독」이라는 노래가 남아 있다.

엉긴머리 푸른 얼굴, 이역 사람들이
무리 지어 뜰 앞에 와 난새가 춤추듯 하네.
북 치는 소리 둥둥하니 겨울 찬바람 부는 듯하고
남북으로 뛰고 달림이 그치지 않는구나.

「장보악」은 서역의 소륵(현재의 중국 신강위구르자치구 카슈가르) 음악이 고구려의 무악이 된 사례이다. 「길고」는 중앙아시아 일대에서 매년 여름과 가을에 '겨울의 많은 눈으로 물이 풍부해지기를 기원'하며 열리던 '소막차'에서 유래한 가무다. 소막차는 중앙아시아 양식의 기우제라고 할 수 있다.

기우제 때에는 보통 '가뭄'을 일으키는 악귀를 잡아 멀리 내쫓는 의례가 행해진다. 그래서 기우제의 가무는 사악한 것을 잡아 쫓는 '벽사'의 기능을 가진다. '소막차'가 고구려의 「길고」가 되고, '원숭이나 귀신 형상 가면을 쓰고 도롱이를 걸친 채 춤을 추는' 일본의 '소지마리', '길간'이 되어 전승될 수 있었던 것도 이 때문이다. 이 노래와 춤이 고구려에 전해져 자리 잡았다가 일본에도 알려져 일본의 '고려악'에 포함되었다.

주인 부부를 위한 재주 부리기(수산리벽화분).

장면1〉

소매와 가랑이가 좁은 저고리와 바지 차림의 한 남자가 무릎을 살짝 굽힌 채 두 다리는 약간 벌리고 엉덩이는 뒤로 뺐다. 목과 머리는 90° 가까이 뒤로 제치고 하늘을 쳐다보며 크게 벌린 두 팔을 바삐 놀린다. 허공을 향한 긴장된 눈길 위에 짧은 막대 3개와 공 5개가 서로 엇갈리며 오르내린다. 이 남자와 비슷한 복장과 자세의 다른 한 남자는 살이 많은 바퀴를 공중에 던져 올려 굴리고 있다. 두 사람 위쪽에 또 한 사람이 키 높이의 나무다리 위에 올라서서 두 손끝에 작은 물건을 올린 상태로 춤추듯 걷는다.

주인과 손님을 위한 재주 부리기(장천1호분).

장면2〉

앞의 사람은 고개를 젖히고 무릎을 굽히면서 엉덩이를 약간 뺀 채, 왼손에 쥐고 있는 공을 위로 던지려 한다. 오른손에 잡은 짧은 막대 끝에 올린 평판 위에는 공이, 다시 그 위에는 평판, 공이 잇달아 올려졌다. 뒤의 인물은 두 무릎을 조금 굽히고 머리를 젖혔다. 오른손에 작은 곤봉을 잡고 휘두른다. 그의 바로 옆 탁자 위에는 수레바퀴 같은 것이 하나 놓여 있다.

교묘한 손놀림과 발놀림, 기이한 재주

첫 장면은 〈수산리벽화분〉 무덤주인 부부 나들이 그림에 묘사된 재주 부리기, 다음 것은 〈장천1호분〉「백희기악도」 중의 주인공과 손님을 위한 재주 부리기이다. 기예, 곡예, 교예 등으로 불린 재주 부리기는 한때 대중의 사랑을 크게 받았던 서커스의 한 부분이다. 서커스의 기본 종목에 가깝다고 보아도 될 것이다.

고분벽화에 보이는 재주 부리기는 여러 종류이다. 위의 장면처럼 손이나 발을 빠르고 교묘하게 놀리는 것 외에 짐승을 부려 재주를 보여 주는 경우도 있다. 〈장천1호분〉의 손재주 장면 옆 큰 나무에서는 주인과 손님을 위한 원숭이 재주가 시연되고 있다. 주인과 손님 사이의 굵은 나무줄기가 무대이자 도구이다. 목에 줄을 매고 머리에 흰 가면과 같은 것을 쓴 황색 원숭이 한 마리가 나무 위에서 아래로 내려온다. 나무뿌리 위의 또 한 마리의 황색 원숭이는 흰곰 머리처럼 보이는 가면 같은 것을 쓴 채 오른편 의자 위에 앉은 무덤 주인을 향해 절하고 있다. 나무 아래에 한 사람이 서 있는데, 이 재주 원숭이 두 마리를 부리는 조련사로 보인다.

고구려의 재주 부리기에는 손재주나 발재주 외에 칼 부리기 재주, 말타기 재주 같은 것도 있었는데, 〈안악3호분〉

과 〈약수리벽화분〉, 〈팔청리벽화분〉에서 이런 재주를 나누어 볼 수 있다. 〈팔청리벽화분〉에서 눈길을 끄는 것은 말타기 재주이다. 행렬의 고취악대에 속한 두 사람이 메는 북을 연주하는 악사를 둘러싸고 말을 몰아 둘레를 빙글빙글 돌면서 큰 뿔나팔을 분다. 말이나 사람 모두 매우 흥겨운 상태임을 한눈에 알 수 있다.

말타기 재주에 맞추어 북과 나팔의 흥겨운 연주가 펼쳐지는 동안, 화면 오른쪽에서는 완함 연주에 맞춘 재주 부리기가 이루어지고 있다. 세 사람의 재주꾼과 한가운데에 선 완함 연주자 모두 앞에서 다가오는 주인공의 소 수레를 향하고 있다. 행렬 주인공을 위한 재주 부리기이다.

완함 연주자 오른쪽의 재주꾼은 사람 키 높이의 나무다리에 올라선 채 두 팔을 휘저으며 춤추는 자세이다. 엉덩이를 약간 뒤로 내밀고 가슴은 펴 세웠으며 오른쪽 팔은 옆으로 길게 펼쳤고 왼팔은 팔꿈치를 안으로 구부려 손이 가슴 앞에 오게 했다. 막대 같은 것을 잡은 채 오른쪽 손을 위로 세웠으나 잡은 것의 정체는 알 수 없다.

죽마타기, 대말타기는 고대부터 동아시아에서 널리 유행한 놀이였다. 대나무를 사람 키 높이보다 높게 잘라 세운 뒤 발 받침대를 만들어 묶고 그 위에 발을 딛고 올라서서 걷

주인과 손님을 위한 재주 부리기의 그래픽(장천1호분).

는 놀이다. 한국, 중국, 일본에서는 어린이들이 즐기는 놀이
로 '죽마고우'라는 말이 여기서 나왔다. 재주꾼은 죽마를 탄
채 구슬 여러 개를 번갈아 공중에 던져 받는 묘기를 보이기
도 한다.

완함 연주자의 왼편 뒤쪽의 사람은 긴 칼(혹은 막대)을 오른
손에 쥐고 왼손은 눈높이에 올려 그 끝을 보고 있다. 엉덩이
를 뒤로 빼고 두 다리를 반쯤 구부린 엉거주춤한 자세인 것
으로 보아 칼끝에 무언가를 올려놓고 리듬감 있게 걸으며

재주를 부리는 중인 듯하다. 완함 연주자의 왼편 사람은 왼손으로 긴 칼(혹은 막대)을 세워 든 채 그 끝을 쳐다보느라 목을 뒤로 젖혔다. 뒤쪽편의 사람과 같은 재주를 부리는 것으로 보인다. 북한의 보고서와 연구 논문에서는 이 장면을 격검 연기로 설명하거나 이해한다. 재주꾼들의 자세로만 본다면 가는 막대 끝에 작은 물건(예를 들면 접시나 사발 같은 것)을 올려놓고 돌리거나 굴리는 재주를 보여 주는 듯하다.

완함 연주자의 오른편 아래에는 공 5개와 막대 3개가 공중에 던져진 상태만 남아 있다. 공과 막대들을 번갈아 던지고 받는 재주꾼의 모습은 남아 있지 않다. 통일신라 말기 최치원이 쓴 《향악잡영》 5수 중 「금환(金丸)」이 이런 손재주에 대한 것이다.

몸을 돌리고 팔을 내저으며 금구슬 놀리니
달이 구르고 별이 떠오르며 눈이 휘둥그레지네.
의료*의 재주라도 이보다 나으랴
바다의 큰 파도 잠잠해진 까닭 이제 알겠네.

---

* 의료(宜僚): 중국 춘추시대 초나라의 용사로 금환을 다루는 재주가 뛰어났다. (저글링을 잘 했다는 뜻)

유럽 서커스의 한 종목인 저글링(Juggling)도 이 재주를 가리킨다.

'농환(弄丸)'은 여러 개의 공을 잇달아 공중에 던지고 받으면서 부리는 묘기를 말한다. 공과 작은 막대, 단검 여러 개를 섞어 던지고 받기는 도환(跳丸: 공이나 구슬, 방울을 여러 개 공중에 던지고 받기), 도검(跳劍: 칼을 여러 개 공중에 던지고 받기)을 합한 묘기라는 점에서 가장 고난도의 묘기라고 할 수 있다. 중국에서 백제 사람들이 즐기는 놀이를 농주(弄珠)로 명기한 것으로 보아 백제에서는 더 자주 공연되었던 것 같다.

투호(投壺), 위기(圍棊), 저포(樗蒲), 악삭(握槊), 농주(弄珠) 놀이가 있다.

-『수서』권81, 「열전」제46.

〈약수리벽화분〉에는 공 하나와 막대 2개를 공중에 던져 올린 재주꾼과 살이 여러 개 달린 긴 막대 두 개를 공중에 던져 올려 번갈아 주고받는 두 사람의 재주꾼이 등장한다. 세 재주꾼의 자세가 매우 리듬감 있게 탄력적으로 묘사되어 실제 재주 부리기를 보는 듯한 느낌을 준다.

칼과 활을 손에 잡고 휘두르면서 춤추는 장면은 〈안악3

호분〉 벽화에 보인다. 대행렬도 앞부분에 묘사된 이 장면은 칼부림 재주로 볼 수도 있고 무기를 들고 추는 도구 춤으로 해석할 수도 있다. 칼과 활을 든 채 고개를 젖히고 어깨를 흔들며 무릎을 굽혔다 폈다 하는 이 사람의 바로 뒤에서 북 치는 사람들이 열을 이루어 행진하는 것으로 보아 어느 쪽 해석도 가능하다.

고분벽화에 다양한 방식으로 재주꾼들의 재주가 펼쳐지는 것으로 보아 고구려에 직업적인 재주꾼이나 재주꾼 집단이 있었음은 확실하다. 이들은 귀족 부부의 나들이나 야외 놀이와 같은 소규모 행사에 초청되어 재주를 공연하기도 하고 귀족의 행렬이나 대규모 몰이 사냥과 같이 규모가 큰 행사에 부름을 받아 현장에서 재주를 보여 주기도 했다.

벽화에 나오는 고구려 사람들의 크고 작은 행사에 재주를 공연하던 재주꾼들 가운데에는 서역계 인물들이 많은 수를 차지한다. 이는 재주 가운데 서역에서 기원한 것이 많고 자연스레 재주꾼 무리에서 서역계 사람들이 지니는 비중이 높았음을 뜻한다. 재주꾼 집단의 구성원 가운데에는 서역에서 직접 온 사람들도 있고, 서역에서 중국을 거쳐 고구려까지 흘러들어 온 사람들도 있을 것이다.

문헌기록을 보면 고구려에서는 「괴뢰희(傀儡戱)」라는 꼭두

각시극도 유행했다. 민간에서 성행하던 이 인형극은 당의 장수 이적(李勣)이 고구려를 멸망시킨 뒤 당의 고종에게 바친 고구려 '백희무악' 중 하나라고 한다. 신라의 한 여승은 11가지 얼굴의 인형으로 우스운 춤을 추게 하여 병으로 고생하던 경흥법사를 낫게 하였다고 한다. 여승이 펼친 놀이도 인형극인 「괴뢰희」였을 것이다.

> 갑자기 병이 나서 한 달이 되었는데 한 비구니가 와서 그를 문안하고 『화엄경』 중 착한 친구가 병을 고친 이야기를 하였다. "지금 법사의 병은 근심으로 말미암았으니 즐겁게 웃으면 나을 것이오." 하고 곧 열한 가지의 모습을 만들어 각각 광대와 같은 춤을 추게 하니 뾰족하게 솟기도 하고 깎은 듯 쭈그려 앉기도 하여 변하는 모습이 말로 다하기 어려웠다. 너무 우스워 턱이 빠질 것 같았다. 법사의 병이 자기도 모르게 나았다. 비구니가 문을 나가 남항사(南巷寺)로 들어가 숨어 버렸다. 그가 가지고 있던 지팡이가 십일면원통상(十一面圓通像) 탱화 앞에 있었다.
>
> -『삼국유사』 권5, 「감통(感通)」 7.

고구려에서는 바둑, 투호, 축국도 인기가 있었다. 바둑은 네모진 판에 씨줄과 날줄을 가로 세로가 교차하게 여럿 그

신라사람이 쓰던 바둑돌(경주 용강동6호분 출토), 국립경주박물관.

려 넣고 두 종류의 돌로 서로 다투면서 집을 지어 더 많이 내는 쪽이 이기는 놀이다. 9줄바둑부터 19줄바둑까지 여러 종류가 있었다. 경주의 분황사 전돌 바둑판은 가로, 세로 각각 15줄이 그려져 신라에 15줄바둑이 있었음을 알게 한다. 일본 정창원에 소장된 백제 바둑판 목화자단기국(木畵紫檀棊局)은 19줄 바둑판이다. 한국에서는 백제 의자왕이 일본의 내대신(內大臣) 나카토미노 가마타리(中臣鎌足)에게 선물한 적색 옻칠장(赤漆欟木厨子) 안의 물품으로 보고 있으나, 일본 학자들은 당나라에서 제작되어 일본에 온 것으로 본다. 현대 바둑도 19줄바둑이다.

고구려에 바둑에 능한 사람이 많았음은 승려 도림이 뛰

어난 바둑 실력으로 백제 개로왕의 마음을 사로잡았다는 기사로도 확인된다.

당시의 백제 왕 근개루는 장기와 바둑을 좋아하였다. 도림이 대궐 문에 이르러 "제가 어려서부터 바둑을 배워 상당한 묘수의 경지를 알고 있으니, 왕께 들려 드리고자 합니다." 하였다. 왕이 그를 불러들여 대국을 해 보니 과연 국수였다. 왕이 마침내 그를 상객으로 대우하고 매우 친하게 여기며 서로 늦게 만난 것을 한탄하였다.

-『삼국사기』 권25, 「백제본기」 3, 개로왕 21년 9월

장수왕의 밀명을 받은 도림의 활약으로 백제는 국고가 텅텅 비어 고구려 군대의 남하에 대응할 능력을 갖추지 못하게 된다. 바둑은 삼국 모두에서 유행했다. 신라의 효성왕은 왕자 시절 선비 신충과 바둑을 두며 내일을 기약했다.

효성왕이 왕위에 오르기 전, 현명한 선비인 신충과 궁의 뜰 잣나무 아래에서 바둑을 두었다. 이르기를, "훗날에 만약 경(卿)을 잊는다면, 저 잣나무와 같으리라." 하였다. 신충이 일어나 절하였다. 몇 달이 지나 왕이 즉위하여 공신들에게 상을 내릴 때 신충

을 잊고 그 차례에 넣지 않았다. 신충이 원망하여 노래를 짓고 그것을 잣나무에 붙이자 나무가 곧 노랗게 시들었다.

- 『삼국유사』 권5, 「피은(避隱)」 8.

당 현종은 신라의 왕과 백성 모두 바둑을 즐긴다는 사실을 알게 되자 바둑의 고수를 사절단에 포함해 신라로 보낸다.

신라 사람들은 바둑을 잘 두었으므로 조칙으로 솔부병조참군 (率府兵曹參軍) 양계응(楊季膺)을 부사(副使)로 삼았는데, 우리나라 바둑의 고수는 모두 그 밑에서 나왔다.

- 『삼국사기』 권9, 「신라본기」 9, 효성왕 2년 2월.

'투호'는 일정한 거리에서 단지나 병(壺)에 화살을 던져 넣는 놀이다. 보통 패를 나누어 많이 넣기로 승패를 가린다. 중국에서 이미 주나라 때 시작되어 춘추전국시대에 성행했다는 것으로 보아 고구려와 백제에는 중국 한나라 때 전해진 듯하다.

'축국'은 공차기 놀이다. 고구려에서는 사람마다 축국에 능했다고 한다. 신라에서도 축국이 인기가 있었다. 김춘추와 김유신이 처남, 매부의 인연을 맺는 것도 두 사람이 김유신의 집 앞에서 즐기던 축국이 계기가 되었다.

처음 문희의 언니 보희(寶姬)가 서악(西岳)에 올라가 오줌을 누
는데 그 오줌이 서울에 가득 차는 꿈을 꾸었다. 다음 날 아침 동
생에게 꿈 이야기를 했더니 문희가 듣고 "내가 이 꿈을 살게요."
하였다. 언니가 말하기를 "어떤 물건을 주겠니?" 하자 문희가
"비단 치마를 줄게요." 하니 언니가 승낙하였다. 문희가 치마
폭을 펼쳐 꿈을 받을 때 언니가 말하기를 "어젯밤 꿈을 네게 준
다." 하였다. 문희는 비단 치마로 꿈값을 냈다. 10일이 지나 유
신이 춘추공과 함께 정월 상오 기일에 유신의 집 앞에서 공을 찼
다. 신라인들은 공을 가지고 노는 것을 축국(蹴鞠)이라고 하였
다. 일부러 춘추공의 옷을 밟아 저고리 고름을 떨어지게 하고 말
하기를 "저의 집에 들어가서 옷고름을 답시다." 했다. 공이 그
말을 따랐다. 유신이 아해(阿海)에게 "옷고름을 달아 드려라." 하
니 아해는 "어찌 사소한 일로써 가벼이 귀공자와 가깝게 있겠어
요?" 하며 사양하였다. 고본에는 병을 핑계로 나아가지 않았다
고 한다. 그러자 아지(阿之)에게 말하였다. 공이 유신의 뜻을 알
아차리고 마침내 문희와 [정을] 통하였다. 이후 춘추공이 [유신
의 집에] 자주 왕래하였다.

-『삼국유사』 권1, 「기이(紀異)」 1.

90

4장

돌아보며 쏘아도
백발백중!

힘 겨루고 주먹 재고

화면에는 두 사람의 씨름꾼, 심판을 맡은 노인, 커다란 나무 한 그루, 나무 밑동에 사람처럼 기대앉은 곰과 호랑이, 나뭇가지에 깃든 여러 마리의 검은 새, 허공에 떠 있는 새구름무늬 등이 보인다. 화면의 두 씨름꾼은 상투를 올린 머리 모양에 몸에는 검은 반바지와 흰 샅바만 걸쳤다. 오른쪽 씨름꾼은 보통의 고구려 사람이나, 왼쪽 씨름꾼은 눈이 크고 코가 높은 서역계 인물이다. 지팡이를 짚은 채 씨름 장면을 유심히 보고 있는 노인의 얼굴은 벽화가 지워져 보이지 않는다.

벽화의 두 씨름꾼은 상대방 오른쪽 어깨에 머리를 대고

씨름(각저총)

씨름(장천1호분).

두 손을 뻗어 상대 바지 허리춤을 거머쥐었다. 두 사람은 왼쪽 발을 앞으로 내디디며 무릎을 구부려 허벅지가 서로 상대의 사타구니 가까이 닿게 한 채 팔과 다리, 온몸에 힘을 주며 상대를 밀거나 들어 올리려 애쓴다. 화가는 짧은 호선 여러 개를 잇달아 긋거나 끝이 약간 말리는 길게 흐르는 선을 몇 자락씩 넣어 두 씨름꾼의 팔과 다리의 근육이 팽팽하게 긴장된 채 불룩거리는 상태를 나타냈다. 두 씨름꾼 모두 입을 약간씩 벌려 가쁜 숨을 몰아쉬는 중이다. 왼쪽 서역계 씨름꾼의 매부리코 끝에 코털이 삐죽 뻗어 나왔다. 온 힘을 다하느라 숨이 가빠 헉헉거리다 보니 절로 일어난 일이다. 온몸에서 땀이 솟아 벌써 손끝이며 턱밑이 미끈거린다.

이처럼 〈각저총〉 벽화의 씨름 장면은 매우 사실적이다. 마치 TV로 생중계를 보는 듯 생생하다. 씨름장을 둘러싼 관객들이 보이지 않을 뿐, 귀 기울이면 저들이 패를 나누어 응원하는 소리도 들릴 듯하다. 〈장천1호분〉「백희기악도」에 묘사된 씨름장면도 〈각저총〉 벽화와 다르지 않다. 씨름꾼 가운데 한 사람의 얼굴이 서역계인 것도 같다. 벽화의 씨름 장면은 오늘날 대중에게 인기 있는 스포츠의 하나인 민속 씨름의 경기방식이나 옷차림 등이 고구려 때 이미 완성되었음을 알게 한다.

수박희(무용총).

수박희(안악3호분).

고분벽화의 씨름에 서역계 사람이 등장하는 것은 고구려의 장례의식과 관련이 있다고 한다. 고구려계 씨름꾼은 무덤에 묻힌 사람이 새 삶의 공간으로 갈 때 길잡이 노릇을 하는 사람이고 서역계 씨름꾼은 새 세계의 입구를 지키는 문지기라는 것이다. 길잡이 씨름꾼이 문지기 씨름꾼을 이겨야 죽은 이가 내세 삶으로 가는 길에 들어설 수 있는 셈이다. 화가가 벽화의 문지기 씨름꾼을 고구려계와 얼굴이 다르게 묘사한 것은 당시 보통 사람과 다른 힘을 지닌 특별한 존재를 나타낼 때 서역계로 그리던 관습에 따른 것이다.

〈각저총〉 벽화 씨름도의 커다란 '새구름무늬'는 이 씨름이 현실 세계에서 펼쳐지는 놀이 이상의 의미를 지녔음을 암시한다. 나무 밑동에 사람처럼 기대앉은 곰과 호랑이도 하늘과 땅을 잇는 우주나무, 신단수 밑에서 하늘의 신에게 사람이 되게 해 달라고 빌던 단군신화의 두 짐승을 연상시킨다.

고분벽화에는 씨름처럼 힘과 기술을 겨루는 다른 놀이도 묘사되었다. '수박희'로 불린 이 놀이는 주먹질과 발길질로 상대를 제압하여 넘어뜨리는 격투기다. 〈무용총〉 벽화에는 두 사람의 역사가 손과 발로 상대를 겨눈 채 마주 선 장면이 있다. 두 사람 모두 상투를 그대로 드러냈으며 아래에 아주 짧은 잠방이만 걸쳤다. 드러낸 맨몸은 운동으로 잘 다져진 상태이다.

평범한 고구려인의 얼굴을 지닌 화면의 왼쪽 사람은 고개를 약간 젖히면서 턱을 들어 눈으로 상대의 빈틈을 찾고 있다. 왼쪽 팔은 어깨와 함께 앞으로 길게 내며 손바닥을 폈고 오른쪽 팔은 어깨와 함께 뒤로 젖히며 굽혀 손바닥이 오른쪽 가슴께에서 상대를 향해 펴지게 했다. 자세로 보아 팔과 손바닥에 힘이 들어갔다. 왼쪽 다리는 앞으로 내며 무릎을 깊이 구부리고 발꿈치를 들었다. 오른쪽 다리는 비스듬히 뒤로 펼쳤는데, 발꿈치로 힘 있게 바닥을 디뎠다. 근육으로 뒤덮인 두 다리가 몸통만큼 굵다.

화면 오른쪽 사람은 코가 오똑하고 눈이 크다. 벽화의 씨름 장면에도 등장하는 서역계 사람이다. 이 사람은 왼쪽 팔을 펴고 오른쪽 팔은 뒤로 젖히고 굽혀 마주 보는 역사와 대칭되는 자세를 취하였다. 왼쪽 다리를 내밀면서 살짝 굽혔고 발바닥 전체가 바닥에 닿았다. 오른쪽 다리는 마주한 역사처럼 무릎을 많이 굽혔으며 발꿈치를 들었다. 오른쪽 사람 역시 두 다리가 굵고 근육이 불룩거린다. 두 사람 모두 상대에게 빈틈이 보이면 바로 오른손이나 오른발로 한 방 먹일 참이다.

수박희가 어떤 놀이인지를 잘 보여 주는 이런 장면이 〈안악3호분〉 벽화에도 묘사되었다. 화면 속 두 역사의 옷차림이나 자세는 유사하나 화가가 사용한 필선이 부드러워 무용총 벽화에서처럼 박진감 넘치고 생생하지는 않다. 수박희는 동아시아 각국에서 쿵푸, 택견, 태권, 가라데 등으로 발전하는 격투기의 원형을 잘 보여 준다. 고구려의 수박희는 고려, 조선으로 이어지면서 무인이 갖추어야 할 기본 종목의 하나가 되었다. 고분벽화의 두 장면은 오늘날 전 세계에 퍼지고 올림픽 종목으로도 채택된 한국 태권이 언제, 어디서 시작되었는지를 확인시켜 준다.

말 타고 활쏘기를 놀이로

〈덕흥리벽화분〉에는 '마사회'라는 놀이가 벽화로 그려졌다. 말을 타고 달리면서 활을 쏘아 과녁을 맞히어 떨어뜨리는 놀이다. 화면에는 말 위에서 자기 차례를 기다리는 사람, 말을 타고 달리면서 나란히 일정한 간격으로 꽂힌 세 개의 말뚝 위 네모진 과녁을 활로 겨누는 사람, 앞서 말을 달리다가 몸을 틀어 뒤로 돌린 채 과녁을 향해 화살을 날리려는 사람, 경기를 마친 듯 무대 바깥으로 말을 달려 나오는 사람 외에도 기록판과 붓을 든 기록원, 그 뒤에 나란히 선

마사희(덕흥리벽화분).

채 경기와 기록 장면을 유심히 보는 두 사람 등 모두 일곱 사람이 등장한다. 경기장에 세워진 여러 개의 말뚝 가운데 두 개는 화살에 맞은 과녁이 떨어져 나간 듯 가늘고 긴 말뚝 상태로만 있다.

　말도 잘 못 타고, 활쏘기와는 아예 담을 쌓은 남자가 있다면 그는 고구려 남자로 인정받기를 포기한 사람이다. 고구려인에게 활쏘기와 말타기는 일하고 밥 먹는 것만큼 중요했다. 말타기와 활쏘기는 일과 일 사이의 놀이이기도 했고 생존을 위한 훈련이기도 했다. 물론 먹거리 마련을 위한 기본기 다지기라는 의미도 지니고 있었다.

고구려 사람들은 어릴 때부터 활쏘기를 연습했다. 고구려의 각 마을에 설치되어 아이들이 글을 배웠다는 경당의 기본 과목 가운데 빠지지 않는 것이 활쏘기였다. 고구려 건국기의 오랜 기록에 아버지 주몽 없이 자란 아들 유리가 화살로 아낙의 물동이에 구멍을 냈다가 다시 쏘아 막았다는 이야기가 실려 있다. 부여와 고구려 사람에게 활쏘기는 일상이었다는 사실을 확인시켜 주는 기사이다.

> 왕이 알을 도로 가져다가 어미에게 보내 돌보게 했더니, 마침내 알이 갈라져서 한 사내아이를 얻었다. 아이는 나온 지 한 달이 채 지나지 않아 온전하고 바르게 말하였다. 어머니에게 이르기를 "파리들이 눈을 빨아 잘 수가 없으니 어머니는 나를 위하여 활과 화살을 만들어 주세요." 했다. 어머니가 댓가지로 활과 화살을 만들어 주니 스스로 물레 위의 파리를 쏘는데 쏘는 족족 맞았다. 부여(扶餘)에서 활을 잘 쏘는 이를 주몽(朱蒙)이라고 한다.
>
> -『동국이상국집』 권3, 「동명왕편 병서」.

거리마다 큰 집을 지어 '경당(扃堂, 평민들의 학교)'이라 부른다. 자제(子弟)들이 결혼할 때까지 밤낮으로 이곳에서 독서와 활쏘기를 익히게 한다.

-『구당서』 권299 下, 「열전」 149 上.

유리가 어려서부터 기이한 기절이 있었다 한다. 소년 때에 참새 쏘는 것을 업으로 삼았는데 한 부인이 물동이를 이고 가는 것을 보고 쏘아서 뚫었다. 그 여자가 노하여 욕하기를 "아비도 없는 자식이 내 물동이를 쏘아 뚫었다." 하였다. 유리가 크게 부끄러워하여 진흙 덩이로 쏘아서 동이 구멍을 막아 전과 같이 만들고 집에 돌아와서 어머니에게 "내 아버지가 누구입니까?" 하고 물었다.

-『동국이상국집』 권3, 「동명왕편 병서」.

말타기 역시 고구려 사람 누구에게나 익숙한 일이어야 했다. 건국 시조 주몽이 부여에서 한동안 목동으로 지낸 사실은 잘 알려졌다. 말을 돌보면서 빼어난 것과 평범한 것을 구별하는 눈을 지니게 된 것이 주몽으로서는 소득 중의 소득이었다. 건강하고 빠른 말을 탄 명궁 주몽이 전사들의 왕이 되어 새 나라 고구려를 세우지 않았는가?

금와가 아들 일곱이 있어 언제나 주몽과 함께 노는데 재주가 그를 따를 수 없었다. 맏아들 대소가 왕에게 말하기를 "주몽은 사람의 소생이 아니니 빨리 처치하지 않으면 후환이 있을 것입니다." 하였다. 왕은 이 말을 듣지 않고 그를 시켜 말을 먹이게 하였다. 주몽은 그중에 날쌘 놈을 알아서 먹이를 적게 주어 여위도록 만들고 굼뜬 놈은 잘 먹여서 살이 찌도록 하였다. 왕은 살찐 놈을 자신이 타고 여윈 놈을 [주]몽에게 주었다.

-『삼국유사』 권1, 「기이」 1.

왕이 주몽에게 말을 기르게 하여 그 뜻을 시험하였다. 주몽이 마음으로 한을 품고 어머니에게 "나는 천제의 손자인데 남을 위하여 말을 기르니 사는 것이 죽는 것만 못합니다. 남쪽 땅에 가서 나라를 세우려 하나 어머니가 계셔서 마음대로 못 합니다." 하였다. 그 어머니가 "이것은 내가 밤낮으로 고심하던 일이다. 내가 들으니 장사가 먼 길을 가려면 반드시 준마가 있어야 한다. 내가 말을 고를 수 있다." 하고, 드디어 목마장으로 가서 긴 채찍으로 어지럽게 때리니 여러 말이 모두 놀라 달아나는데, 한 마리 붉은 말이 두 길이나 되는 난간을 뛰어넘었다. 주몽은 이 말이 준마임을 알고 몰래 바늘을 혀 밑에 꽂아 놓았다. 그 말은 혀가 아파서 물과 풀을 먹지 못하여 심히 야위었다. 왕이 목마장을 순시하며 여러 말이 모두 살찐 것을 보고 크게 기뻐서 말미암아 야윈 말을 주몽에게 주었다. 주몽이 이 말을 얻고 나서 그 바늘을 뽑고 도로 먹였다 한다.

－『동국이상국집』 권3, 「동명왕편 병서」.

고구려 사람들이 말타기와 활쏘기, 말 타고 활 쏘는 능력을 마음껏 펼칠 수 있던 자리가 사냥이다. 고구려에서는 매년 삼월삼짇날 평양의 낙랑 언덕에서 왕과 5부의 군사가 모두 참여하는 대규모 사냥대회를 열고 그 수확물로 천지에 제사를 지냈다. 바보와 울보의 세기적 사랑으로 유명한 온달이 큰 맘 먹고 참가한 사냥대회가 바로 이 행사이다. 온달은 이 대회에서 '으뜸 사냥꾼'이 되어 아내 평강공주의 아버지 평원왕 앞에 섰다.

고구려에서는 매년 봄 3월 3일 낙랑(樂浪)의 언덕에 모여 사냥하였는데, 잡은 돼지와 사슴으로 하늘과 산천(山川)에 제사를 지냈다. 그날이 되자, 왕이 사냥을 나갔고, 여러 신료와 5부(五部)의 병사가 모두 [왕을] 따랐다.

－『삼국사기』 권45, 「열전」 5.

이때 온달도 그동안 기른 말을 가지고 따라갔다. 말을 타고 달리는 데 항상 앞에 있었고, 사냥으로 잡은 동물 또한 많아서 비교할 만한 사람이 없었다. 왕이 불러 성명(姓名)을 묻고 놀라며 이상하게 생각하였다. 이때 후주(後周) 무제(武帝)가 군사를 내어 고구려[遼東]를 정벌하고자 하였다. 왕은 군사를 거느리고 이산(肄山)의 벌판에서 맞아 싸웠다. 온달은 선봉(先鋒)이 되었는데 힘을 다해 싸워서 참수(斬首)한 것이 수십 급(級)이었다. 여러 군사가 이긴 틈을 타서 맹렬히 공격해서 크게 이겼다. 전공을 평가하게 되자, 온달을 첫 번째로 삼지 않는 이가 없었다. 왕이 기뻐하며 "이 사람이 내 사위다!"고 말하고, 예의를 갖추어 온달을 맞이하였으며, 관작(官爵)을 주어 대형(大兄)으로 삼았다. 이로부터 [온달은] 왕의 총애를 받아 부귀영화가 날로 더해 갔고, 위엄과 권세가 날마다 높아졌다.

-『삼국사기』권45, 「열전」 5.

이처럼 고구려에서 사냥은 먹거리를 얻기 위한 활동 이상의 의미를 지닌 행위였다. 정기적으로 열렸던 '낙랑회렵' 같이 일정한 규모를 넘어서는 사냥대회는 군사훈련이자 종교 행위였다. 활에 의존하는 기마사냥, 창을 주로 쓰는 도보사냥, 매를 이용하는 매사냥, 몰이꾼과 사냥개를 이용한 짐승몰이 등은 적진탐색과 정보수집, 전략·전술의 수립, 수색, 기마전과 도보백병전의 효과적 배합과 전개, 전략적 전진과 후퇴, 매복, 역공, 다양한 기구를 이용한 공성 등으로 이루어지는 군사작전과 내용상 크게 다를 것이 없었다. 사냥은 산야의 짐승을 적으로 상정한 모의 전투였다.

〈무용총〉 사냥도는 사냥자와 짐승들 사이에 형성되는 사냥터 특유의 쫓고 쫓기는 급박한 흐름이 힘 있고 간결한 필치로 잘 표현된 경우이다. 놀라 달아나는 호랑이와 사슴, 말을 질주시키며 정면을 향해, 혹은 몸을 돌려 활시위를 당기려는 기마 사냥꾼의 자세는 물결무늬 띠를 겹쳐 표현한 산줄기에 의해 한층 더 속도감과 긴장감을 부여받는다. 강약이 조절된 필치와 짜임새 있는 구성 속에서 짐승과 사람, 산야의 어울림이 크고 생생한 울림이 되어 바깥으로 터져 나오는 듯하다.

화면 제일 위의 깃 장식 절풍을 머리에 쓴 인물은 빠르게 말을 달리면서 몸을 틀어 뒤로 돌린 채 한 쌍의 사슴을 향해 활줄을 한껏 당긴 상태이다. 아마 겨냥한 활시위를 놓는 순간이리라. 시위를 떠난 화살은 '윙'하는 울음소리와 함께 사슴의 목덜미에 정확히 꽂혔을 것이다. 화면에서 가장 크게 그려진 이 인물은 절풍의 깃도 많은 점으로 보아 무덤 주인

기마사냥(무용총).

기마사냥과 도보사냥(장천1호분).

임이 확실하다. 그가 사냥하려는 자색 사슴은 하늘에 제사하는 희생으로 쓸 참일 것이다.

물결처럼 흐르는 산줄기 아래, 화면 한가운데서 호랑이를 향해 화살을 날리는 말 위의 인물은 주인공보다 신분이 낮다. 이 인물이 머리에 쓴 두 깃 절풍이 이 사실을 확인시켜 준다. 제일 아래 묘사된 사냥꾼은 귀족이 쓰는 절풍을 사용하지 못하고 머리에 검은 두건을 썼다. 그가 이 사냥도의 등장인물 가운데 신분이 가장 낮음을 알 수 있다. 화면의 가장 아래에 있어 보는 이에게 가장 가깝지만, 오히려 가장 작게 그려진 것도 이 때문이다.

〈장천1호분〉의 사냥도도 내용이 풍부하고 다양하다. 왼편을 향하여 질주하는 3열 종대의 수렵대와 왼편 끝 나무동굴의 곁에서 오른편을 향하여 추적해 나가는 세 명의 사냥꾼, 사냥꾼들 사이로 놀라 황급히 달아나는 짐승들로 화면이 가득 채워졌다.

눈길을 끄는 것은 화면 왼편의 거대한 나무뿌리 아래 동굴이다. 가지와 잎이 무성한 자색 나무의 뿌리 아래 커다란 황색 동굴이 있다. 동굴 안 녹색 가지와 잎 사이에 검은 곰 한 마리가 웅크리고 있다. 사냥을 둘러싼 현실 세계의 급박하고 거친 호흡과는 거리가 있는 모습이다. 사람과 짐승이 함께 꾸려 나가던 신화 세계의 한 장면을 떠오르게 한다.

동굴 바깥에서는 녹색의 커다란 멧돼지가 어깻죽지에 화살 한 대를 맞고 당황하여 어찌할 줄 모르며 급히 달아나는 중이다. 긴 창을 든 채 앞을 가로막고 버티고 선 도보사냥꾼을 발견한 멧돼지가 다시 놀라며 눈을 부릅뜨고 입을 크게 벌려 으르렁거린다.

〈약수리벽화분〉의 사냥도는 많은 몰이꾼을 동원한 대규모 사냥 광경을 잘 보여 준다. 화면 오른편에는 어깨에 활을 걸고 허리에 화살통을 찬 기마인 한 무리가 사냥터를 향해 달려온다. 8명의 기마인에 둘러싸인 한 사람의 기마인은 말도, 사람도 두드러지게 크게 그렸다. 이 기마인이 화면에 묘사된 기마사냥의 주인공임을 알 수 있다. 기마사냥꾼 무리 뒤를 큰뿔나팔을 불고 흔들 북을 연주하는 고취악사들이 따른다. 두 사람의 남자 무용수가 고취악에 맞추어 활기 있는 춤도 펼친다.

화면 가운데 위의 산과 골짝에서는 짐승몰이가 한창이다. 몰이꾼들이 소리를 질러 짐승들을 골짝 아래로 내려오게 하는 중이다. 화가는 세 겹선 좁은 반타원으로 산이 높고 골이 깊음을 나타냈다. 산봉우리에 솟은 나무로 숲이 울창하다는 사실도 알게 한다. 거목의 굵은 가지 사이에 새집도 놓여 있다.

 골짝 아래 들판에서는 온갖 짐승의 사냥이 이루어지고 있다. 화면 왼편의 사슴 세 마리 가운데 뿔이 크고 화려한 수사슴은 이미 목 뒤에 화살을 박힌 상태이다. 호랑이 한 마리는 등에 화살을 맞은 채 산골짝 깊은 곳으로 달아나는 중이다. 기마 사냥꾼 하나가 이미 호랑이 뒤에 따라붙어 화살을 날리려 한다. 화면 한가운데 묘사된 기마 사냥꾼도 등에 화살을 맞고 달아나는 호랑이를 추격하고 있다. 검은 곰 한 마리도 호랑이와 같은 방향으로 달아나는 중이다. 화면 가운데 아래에 묘사된 기마 사냥꾼은 수사슴 한 마리를 뒤쫓고 있다. 이 사슴 역시 목덜미에 화살 한 대가 박혔다. 화면 왼

몰이사냥(약수리벽화분).

편 아래에서는 마부 두 사람이 앞뒤에서 안장과 다래, 방울까지 모두 갖춘 커다란 말 한 마리를 달래며 가는 중이다.

고구려 사람들이 사냥터에서 사용한 활은 뿔활[각궁(角弓)]이다. 소뿔이나 소뼈 여러 개를 이어 만든 활 채에 소의 심줄로 만든 줄을 건 것으로 고구려인이 쓰는 활이라는 뜻의 맥궁(貊弓)으로도 불렸다. 맥궁은 본래 말 위에서 사용할 수 있게 개발된 짧은 활의 일종이다. 말을 타고 달리거나 빠른 속도로 움직이며 활줄을 당겨야 하는 짧은 활은 화살이 날아갈 수 있는 거리가 짧다. 그런데 말을 타고 달리면서 화살이 멀리 날아가게 하는 활을 사용할 수 있다면? 고구려 사람들이 쓰던 맥궁이 바로 그런 활이었다.

고구려 사람들이 사냥을 나갈 때는 날아가면서 쇳소리를 내는 울림화살촉도 썼지만, 상처를 넓게 하며 많은 피를 흘리게 하는 도끼날 및 은행잎 형태의 화살촉을 주로 사용했다. 끝이 넓적한 화살촉을 맞은 짐승은 피를 흘리며 달아나더라도 오래 버티지 못하고 쓰러지는 까닭이다. 사냥터에서 기마 사냥꾼 곁을 따라 달리는 개에게는 화살을 맞고 달아나는 짐승을 뒤쫓는 일이 맡겨졌다. 비록 멀리 가지 못하더라도 짐승이 숲 속 바위 곁이나 나무 밑동에 쓰러져 있으면 말 위의 사냥꾼이 찾아내기는 어려웠기 때문이다.

기마궁술(덕흥리벽화분).

기마궁술(무용총).

기마사냥은 말을 달리게 하면서 화살을 쏘아 달아나는 짐승을 맞히는 일이다. 말도 잘 다루고 활도 잘 쏘아야만 가능하다. 고삐를 잡지 않고도 달리는 말 위에서 몸의 균형을 유지하며 활줄을 당기고 화살을 겨눌 수 있어야 한다. 말을 잘 타더라도 운동 감각이 뛰어나지 않으면 엄두도 내기 힘든 일이다. 말 타는 민족은 아이가 걸음마를 뗄 무렵이면 활을 가지고 놀게 하고 뒤뚱거리며 뛸 수 있을 정도면 말을 타게 한다는 이야기가 오랫동안 사람들의 입에 오르내린 것도 이 때문이다.

말 타고 활쏘기가 쉽지 않은 데 말을 달리면서 몸을 뒤로 틀어 활을 쏘아 달아나는 짐승을 맞히기는 어렵다는 표현을 아예 넘어서는 일이다. '파르티안 샷'이라고 불리는 이런 기마궁술은 기마민족에게도 고난도의 기술로 여겨진다. 기마궁술에 능하여 파르티안 샷은 가능하더라도 백발백중은 꿈도 꾸기 어려울 수 있다. 고구려 백성들이 왕의 별명 주몽(명궁)을 본 이름으로 삼고 높이게 된 것도 저들의 시조 왕이 파르티안 샷으로도 백발백중이었기 때문인지 모른다.

〈무용총〉 사냥도를 비롯하여 고분벽화의 사냥 장면에도 파르티안 샷은 자주 등장한다. 사냥에 나선 인물들이 기마궁술에 얼마나 빼어났는지 알리는 가장 좋은 방법이었기 때문일 것이다. 〈무용총〉 사냥장면의 주인공은 전형적인 파르티안 샷으로 달아나는 자색 사슴을 사냥한다. 앞만 보며 내달리는 말 위에서 몸을 90° 가깝게 뒤로 틀면서 활을 힘껏 당겨 살을 놓으려는 순간이 스냅사진처럼 화면에 잘 묘사되어 있다. 말이 내달리는 방향과 한 쌍의 자색 사슴이 달아나는 방향이 달라 사냥터의 속도감과 긴장감이 한껏 높아진 상태이다.

〈덕흥리벽화분〉 사냥도의 기마 사냥꾼도 달리는 말 위에서 몸을 틀어 활로 사슴을 겨냥한다. 사슴은 이미 목을 꿰뚫은 화살로 고통을 받는 상태이다. 주목되는 것은 말이 달리는 방향과 사슴이 뛰어 달아나는 방향이 같다는 사실이다. 기마 사냥꾼이 사슴에 쫓기는 듯한 형국이다. 기마 사냥꾼은 말을 타고 달리다가 뒤따라 달려오는 사슴을 향해 화살을 날리려 하고 말은 달리는 와중에도 고개를 틀어 주인의 화살이 사슴을 제대로 맞히는지 보려는 듯하다.

이 장면을 해학적인 표현으로 해석하기도 한다. 그러나 제대로 묘사된 파르티안 샷이 아닌 것은 확실하다. 말은 어떤 경우에도 달리면서 뒤를 돌아보는 일이 없는 까닭이다. 화가가 기마사냥에 대해 제대로 알지 못하거나 그림에 사용한 모본(模本, 본보기 밑그림)이 사실을 제대로 반영한 것이

고구려 각궁(무용총).

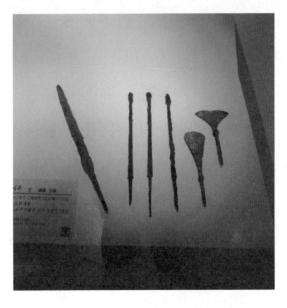

고구려 철제 화살촉(연천 무등리2보루 출토), 국립중앙박물관.

아니어서 일어난 일로 보아야 할 듯하다.

고구려에서 사냥은 제사에 쓰일 희생짐승을 준비하는 과정, 곧 제의 절차의 일부이기도 하였다. 고구려인에게 사냥으로 획득한 희생짐승은 살아 있건, 죽었건 사람과 하늘 사이를 잇는 교통수단이었다. 하늘과 사람 사이의 의사소통이 있어야 할 때, 고구려 사람들은 희생 제물을 마련하기 위한 사냥에 나서야 했다.

도보사냥이건 기마사냥이건 백발백중 활쏘기 능력이 뒷받침되어야 하는 사냥에서도 제일 포획하기 어려운 동물이 새였다. 꿩이건 기러기건 날아가는 새를 화살 한 발로 맞히는 사람이야말로 명궁이었다. 아마도 주몽 정도의 신궁이 아니면 어려운 일이다.

주몽이 이별할 때 차마 떠나지 못하니 어머니가 말하기를 "너는 어미 때문에 걱정하지 마라." 하고 오곡 종자를 싸 주어 보내었다. 주몽이 살아서 이별하는 마음이 애절하여 보리 종자를 잊어버리고 왔다. 주몽이 큰 나무 밑에서 쉬는데 비둘기 한 쌍이 날아왔다. 주몽이 "아마도 신모(神母)께서 보리 종자를 보내신 것이리라." 하고, 활을 쏘아 한 화살에 모두 떨어뜨려 목구멍을 벌려 보리 종자를 얻고 나서 물을 뿜으니 비둘기가 다시 소생하여 날아갔다.

－『동국이상국집』 권3, 「동명왕편 병서」.

그러나 화살이 닿지 못할 정도로 높이 날아가는 새는 어떻게 잡을 것인가? 특정한 시기에 날아들고 떠나는 철새들은 새그물로는 잡기 어렵다. 새그물이나 화살을 대신하는 무엇이 있어야 하지 않을까? 살아 움직이는 화살을 쓰는 것은 어떨까?

〈안악1호분〉 벽화에는 사냥매로 꿩을 사냥하는 장면이 묘사되었다. 화면에는 머리에 챙이 넓은 패랭이를 쓴 기마 인물이 등장한다. 그는 빠르게 달리는 말 위에서 허리를 굽혀 몸을 앞으로 내밀면서 오른손으로는 챙의 한쪽 끝을 잡고 있다. 눈으로는 창공으로 날려 보낸 매를 뒤쫓고 있다. 사냥감이 된 까투리가 산봉우리 위를 향해 급히 날아간다. 그 뒤를 쫓는 매는 활짝 폈던 두 날개의 폭을 순간적으로 오므려 더 빨리 창공으로 치솟으려 한다. 매가 몸 뒤로 두 발을 빼낸 듯하나 깃털에 가려 보이지 않는다. 이제 다음 순간이면 매의 날카로운 발톱이 까투리의 목덜미에 박히리라.

〈장천1호분〉「백희기악도」 동쪽의 커다란 과일나무 아래에도 매사냥 장면이 묘사되었다. 누런 바탕 검은 점무늬의

매사냥(장천1호분).

매사냥(삼실총).

소매 좁은 저고리와 녹색 바탕 검은 점무늬 통 좁은 바지 차림의 매사냥꾼이 걸어간다. 그의 오른쪽 팔뚝에 두른 검은 바탕 홍선무늬 토시 위에는 부리가 날카로운 사냥매가 앉아 있다. 매사냥꾼 왼쪽 키 작은 나무 너머로 까투리 한 마리가 머리를 약간 숙인 채 급히 날아간다. 사냥매 한 마리가 날개를 좌우로 크게 펼친 채 그 뒤를 쫓고 있다. 매는 두 다리를 뒤로 가지런히 젖혔다. 달아나는 까투리를 위에서 막 덮치려는 순간이다.

〈삼실총〉 벽화의 매사냥꾼은 왼쪽 팔뚝에 황색 바탕 검은 줄무늬의 토시를 두르고 그 위에 사냥매를 앉혔다. 사냥매의 목에는 세 줄 띠가 묘사되어 길든 맹금이라는 사실을 알게 한다. 매사냥꾼은 부지런히 말을 달리다가 한순간 매를 날아올린다. 주인의 팔뚝에서 날아오른 사냥매가 두 날개를 크게 펼치고 두 다리는 뒤로 젖힌 채 달아나는 까투리를 쫓는다. 까투리는 날개를 크게 퍼덕이며 급히 창공으로 솟구치는 중이다. 까투리의 급한 날갯짓에서 죽기 살기로 달아나는 생명의 절박함이 묻어 나온다.

고분벽화에서 매사냥은 일반 사냥과 구분되는 공간에 그려졌다. 이것은 고구려 사람들의 사냥에서 매사냥이 지니는 비중도 만만치 않았음을 의미한다. 무리를 이루어 진행

되는 일반 사냥보다 매사냥은 사냥매와 매사냥꾼이 단출하게 진행한다. 그런데도 두 사냥 사이에 화면상의 비중은 크게 차이 나지 않는다. 매사냥의 무게감을 확인시켜 주는 부분이다.

매사냥의 주 대상은 꿩이나 오리 같은 야생의 새다. 이런 야생의 새를 하늘에 올리는 제의에 희생 제물로 쓰고 식탁에도 올린다면 이보다 좋은 일은 없을 것이다. 실제 기러기나 고니는 한국이나 일본에서 국가 제사에 올리는 귀한 제물 가운데 하나였다. 꿩은 왕의 식탁에 올라가는 중요한 식재료이기도 했다.

> 신라 태종무열왕의 식탁에는 늘 꿩이 여러 마리 올라갔다(왕은 하루에 쌀 서 말과 꿩 아홉 마리를 잡수셨는데 경신년(庚申年) 백제를 멸망시킨 후에는 점심은 그만두고 아침과 저녁만 하였다. 그래도 계산하여 보면 하루에 쌀이 여섯 말, 술이 여섯 말, 그리고 꿩이 열 마리였다.
>
> - 『삼국유사』 권1, 「기이」 1.

백제의 아신왕이나 신라의 진평왕은 매사냥을 즐긴 왕으로 잘 알려졌다. 특히 진평왕은 사냥 나가기를 지나치게 좋아하다가 충신 김후직이 죽어서도 이를 말리려 애쓴 일화로 유명하다. 고구려에도 매사냥에 매력을 느낀 왕이 있을 수 있으나 기록으로는 전하지 않는다. 매사냥은 민간에서도 널리 행해져 백제의 법왕은 왕명으로 이를 금지하기도 한다.

지금 왕께서는 날마다 미친 사냥꾼과 더불어 매와 개를 풀어 꿩과 토끼들을 쫓아 산과 들을 빨리 달리기를 스스로 그치지 못합니다. 노자(老子)는 '말 달리며 사냥하는 것은 사람의 마음을 미치게 한다'고 하였고, 『서경(書經)』에 '안으로 여색을 일삼든지 밖으로 사냥을 일삼든지, 이 중에 하나가 있어도 혹 망하지 아니함이 없다.' 하였습니다. 이로 보면, 안으로 마음을 방탕히 하면 밖으로는 나라가 망하게 되니, 반성하지 않을 수 없습니다. 왕께서는 이를 생각하십시오"라고 하였다. 왕이 따르지 않았다.

-『삼국사기』권45, 「열전」 5.

그가 한성의 별궁에서 태어났을 때 신비로운 광채가 밤을 밝혔다. 그가 장성하자 의지와 기풍이 호방하였으며, 매사냥과 말타기를 좋아하였다.

-『삼국사기』권25, 「백제본기」 3, 아신왕 1년 11월.

다른 날에 왕이 먼 길을 떠나 반쯤 갔을 때 멀리서 소리가 나는데, "가지 마시오!" 하는 것 같았다. 왕이 돌아보며 "소리가 어디에서 나는가?"라고 물었다. 시종하던 사람이 "저것은 이찬 후직의 무덤입니다"라고 하면서 후직이 죽을 때 한 말을 전하였다. 왕이 눈물을 줄줄 흘리며 "그대의 충성스러운 간함은 죽어서도 잊지 않으니, 나를 깊이 아끼는구나. 끝내 고치지 않는다면 살아서나 죽어서나 무슨 낯이 있겠는가?"라고 하였다. 마침내 다시는 사냥을 나가지 않았다.

-『삼국사기』 권45, 「열전」, 5.

원년 겨울 12월에 살생을 금하고, 민가에서 기르는 매와 새매를 놓아 주고, 고기 잡고 사냥하는 도구들을 태워 버리라는 명령을 내렸다.

-『삼국사기』 권27, 「백제본기」, 5, 법왕 원년 12월.

고대 동아시아에서 사냥매를 선물하는 것은 국가 사이의 우호를 다지고 왕과 백성 사이를 가깝게 하는 일이었다. 숙신은 고구려에 흰 매를 보냈고, 백제는 신라와 일본에 매를 보냈다. 통일신라에서는 당나라에 사냥매에 쓰이는 도구와 매와 관련된 장식물 16종을 선물로 보냈다.

9년(869) 가을 7월에 왕자 소판 김윤(金胤) 등을 당나라에 보내 은혜에 감사하였다. (중략) 매 모양 금제 사슬을 돌려 매달아 무늬를 아로새긴 붉은 칼 전대 20부(副), 새로운 양식의 매 모양 금제 사슬을 돌려 매달아 무늬를 아로새긴 오색 칼 전대 30부, 매 모양 은제 사슬을 돌려 매달아 무늬를 아로새긴 붉은 칼 전대 20 부, 새로운 양식의 매 모양 은제 사슬을 돌려 매달아 무늬를 아로새긴 오색 칼 전대 30부, 새매 모양 금제 사슬을 돌려 매달아 무늬를 아로새긴 붉은 칼 전대 20부, 새로운 양식의 새매 모양 은제 사슬을 돌려 매달아 무늬를 아로새긴 붉은 칼 전대 30부, 새매 모양 은제 사슬을 돌려 매달아 무늬를 아로새긴 붉은 칼 전 대 20부, 새로운 양식의 새매 모양 은제 사슬을 돌려 매달아 무 늬를 아로새긴 오색 칼 전대 30부, 금꽃 모양 매방울 2백 과(顆), 금 꽃 모양 새매방울 2백과, 금으로 새겨 넣은 매 꼬리통 50쌍 (雙), 금으로 새겨 넣은 새매 고리통 50쌍, 은으로 새겨 넣은 매 꼬리통 50쌍, 은으로 새겨 넣은 새매 꼬리통 50쌍, 매 장식 붉은 아롱무늬 가죽 1백 쌍, 새매 장식 붉은 아롱무늬 가죽 1백 쌍, 보 석을 박아 넣은 금 바늘통 30구(具), 금 꽃을 새긴 은 바늘통 30 구, 바늘 1천5백 개 등을 받들어 올렸다.

- 『삼국사기』권11, 「신라본기」 5, 경문왕 9년 7월.

한국의 사냥매는 고구려 영역이었던 지금의 함경도와 평안도 산골짝에서 붙잡아 훈련한 송골매를 으뜸으로 쳤다. 매의 다리에는 오늘날 젓갈끈이라고 불리는 가죽끈을 매 움직이는 것을 통제했다. 꽁지깃이나 발목에는 매방울을 달아 매가 어디로 날아가는지 가늠했다. 매 꽁지에는 주인 이름을 새긴 얇은 뼈를 달아 두기도 했는데, 이를 시치미라고 한다. 고구려 매사냥의 전통은 남북국시대로 이어지고, 고려와 조선에도 영향을 끼쳤다. 더욱이 고구려 매사냥의 전통은 현대에도 계승, 유지되고 있다.

5장
한류,
K-Culture의 원형

2018 평창 동계올림픽 개막식과 폐막식에는 고구려의 춤, 벽화의 사신과 '인두조'부터 'K-Pop', 한국 ICT를 기반으로 한 각종 'Smart-Show'가 다 선보였다. 압권은 겨울 강추위를 이겨낸 수백 명 자원 봉사자들의 집단 춤과 합창이었다. 행사 진행 시간 내내 강약 완급을 조절하며 춤추면서 고전부터 현대까지, 아리랑부터 강남스타일까지 수십 곡의 노래를 불렀다.

이와 마찬가지로 고구려의 동맹은 축제마당이었다. 제의와 판결, 놀이가 한 마당에서 이루어졌다. 한쪽에서는 국가 중대사를 놓고 회의가 열리고 다른 한쪽에서는 시장판이 벌어져 온갖 물건이 선보이고 거래되었다. 시장 곁에서

2018 평창동계올림픽 개막식 장면: 고구려 고분벽화의 인두조와 무용수(사진, 연합통신).

는 놀이판이 벌어졌다. 동맹은 고구려 사람들의 한 해 삶을 뭉뚱그려 정리하며 내일을 기약하는 자리였다. 어우러지고 섞이며 감사와 격려를 나누는 자리였다.

고구려 사람들의 온갖 놀이, 춤과 노래, 재주와 운동은 700년 동안 계속된 고구려 역사, 문화의 동력원, 생명샘이었다. 동맹축제 때의 춤과 노래가 나라 안을 하나로 묶었고, 일상 속의 놀이와 운동이 오늘을 넘어 내일을 보게 했다. 경당의 아이들은 글 읽는 틈틈이 활을 쏘며 내일을 위해 스스로를 다그쳤고, 골짝 밭 갈던 젊은이들은 수박희로 몸을 단련하며 고구려군의 항오에서 뽑혀 나와 큰 사람 될 날을 꿈꿨다.

고구려의 음악은 비류국의 북과 나팔로 고취악의 기본을 갖추는 데서 시작된다. 명궁 주몽이 졸본 땅 한 귀퉁이에 고구려라는 새 나라의 씨앗을 심자 곧바로 나라의 위의(威儀)를 보여 주고 전사들의 사기를 돋우는 고취악도 준비되었던 셈이다. 중국의 한나라도 고구려에 고취기인을 보내 고취악이 발전할 수 있도록 도왔다. 고구려 기마전사들이 남으로 말발굽을 돌려 낙랑에 이르자, 당시 중국 한 군현에서 사용되던 악기들과 음악을 만나게 되었고 이것으로 인해 고구려 음악이 더 풍성해지게 된다. 〈안악3호분〉 대행렬에 등장하는 고취악대는 4세기 중반 100명 정도의 악사로 악대를 꾸릴 수 있었던 고구려 고취악의 당시 상황과 수준을 잘 보여 준다.

이후 고구려의 관현악은 중국 위·진과의 교류를 계기로 이전보다 활성화되었다. 위·진시기에 선호된 완함 연주는 동아시아에 불교 신앙이 퍼지면서 불교 음악의 주요한 부분이 되어 더 유행하게 되었다. 〈안악3호분〉 실내악 연주 장면에 처음 등장하는 완함이 5세기 고구려 고분벽화에서 주로 하늘세계 사람들이 연주하는 악기로 모습을 보이는 것도 이런 흐름과 관련이 깊다. 또한 5세기 고분벽화에는 현금이 연주되는 장면도 자주 보이게 된다. 관현악도 고구려 음악에서 주요한 갈래로 자리 잡게 되었음을 알 수 있다.

관현악이 퍼지고 선호되면서 고구려의 춤은 세련미를 더하게 된다. 긴소매를 너풀거리면서 팔과 다리를 부드럽게 굽혔다 펴 새의 날갯짓을 떠올리게 하는 고구려의 긴소매 춤은 동아시아 여러 나라에 알려졌다. 이 춤은 주로 완함이나 거문고 연주에 맞추어 춤사위가 펼쳐졌다. 5세기 고분벽화에 자주 묘사되는 춤사위도 긴소매 춤이다.

고구려가 동아시아 4강의 한 나라가 되고 동북아시아의 패권을 잡은 나라가 된 5세기에는 서아시아와 중국의 다양한 문물이 고구려에 소개되고 수용된다. 서역의 음악과 춤, 노래가 고구려에 받아들여져 고구려 문화의 일부가 되는 것도 이 시기이다. 물론 불교문화 일부가 된 서역문화가 고구려에 들어오기 시작하는 시기는 4세기 전반부터이다.

서역에서 기원한 호선무는 고구려에 전해진 뒤 고구려

문화의 한 요소로 재창조되어 중국과 일본에 알려졌다. '장보악'이나 '길고' 같은 무악도 본래 서역의 것이다. 이것이 고구려 음악으로 소화되어 신라를 거쳐 일본으로 전해진 까닭에 일본에서는 고구려 음악으로 분류되었다. 〈장천1호분〉「백희기악도」에 보이는 원숭이가면 놀이도 외래문화가 고구려에 수용되어 소화되는 과정을 보여 준다. 벽화가 제작되던 시기에 고구려 땅에는 원숭이가 살지 않았다!

5세기 고구려 고분벽화에는 중앙아시아나 중국, 심지어 서아시아에서 유래한 문화요소가 자주 선보인다. 아직 고구려 사람에게는 낯선 외래의 것 그대로 벽화에 묘사된 경우도 있고, 고구려의 손맛이나 눈길이 더해진 상태로 표현된 사례도 있다. 그러나 어떤 것이든 시간이 흐르면 고구려 것이라는 느낌을 받도록 수정되고 새로워진다. 수용, 소화, 재창조라는 고구려식 문화 소화법이 적용된 뒤의 모습인 까닭이다. 그렇게 고구려 문화의 한 부분이 된 것이다.

고구려의 악기, 춤, 노래, 놀이 가운데 고유의 것도 많으나 외래의 것도 적지 않은 것은 고구려 사회가 바깥 세계의 사람과 문화에 개방적이었기 때문이다. 고구려 사회는 늘 열려 있어 새로운 것이 들어와 자리 잡는 데에 어려움이 없었다. 다만 시간이 지나면 고구려 색이 더해지고 고구려 맛이 녹아들어 가야 했다. 고구려 것이 되어야 했다. 고구려 문화의 개별 요소에서 개성과 보편성을 동시에 찾을 수 있는 것도 이 때문이다.

고구려 문화의 각 요소에는 전통성과 창조성, 개성과 보편성, 지역성과 세계성 등등 서로 다른 가치와 성격이 공존하는 경우가 많다. 이런 서로 다른 성향이 갈등과 마찰을 일으키지 않고 잘 어우러지고 녹아들면 예상한 것보다 높은 시너지 효과를 낼 수 있다. 작은 마당의 것이 큰 마당에서도 받아들여져 누구나 기뻐하며 자기의 것으로 삼을 수 있다.

올림픽 개막식에서도 선보인 'K-Pop'은 외래의 것에 한국의 흥과 신명이 더해 만들어진 현대 한국의 새로운 창조물 가운데 하나이다. 호선무가 고구려 고유의 춤이 아님에도 고구려를 대표하는 춤의 하나가 된 것과 비슷하다. K-Drama 역시 한국의 탈춤놀이나 판소리 마당에서 비롯된 것이 아니다. 그러나 한국의 역사를 콘텐츠로 삼은 '주몽'이나 '대장금' 시리즈는 아시아를 흔들고 유럽과 중남미에서도 호응을 받은 대표적인 K-Drama 작품이다. 역사 콘텐츠가 현대의 드라마 기법과 만나 새로운 창조물로 거듭났고 국제적으로 받아들여진 경우이다. 서역 악기로 중국에서 개량된 완함이 고구려의 긴소매 춤 반주 악기로 널리 쓰이고, 춤과 연주 모두 이 동아시아에서 크게 인기를 끌었던 것과 비교될 수 있지 않을까?

태권도는 고구려에서 기원하여 현대 한국으로 이어지고, 고구려 사람에게서 현대 한국 사람에게로 전해져 세계라는 큰 무대에서 호응을 받는 운동 종목의 하나다. 태권도의 기원으로 알려진 수박희라는 격투기를 발전시킨 나라는 고구려뿐이 아니다. 수박희는 고대 및 중세 동아시아 여러 나라에서 유행한 몸싸움 기술이다. 중국은 이 격투기를 바탕으로 손기술에 무게를 둔 쿵푸를, 일본은 가라테를 창안하고 계승시켰다. 한국은 발기술 중심의 택견, 태권으로 발전시켜 전 세계에 보급했다.

활쏘기에 숨겨진 높은 집중력과 섬세한 감각 역시 흥과 신명이 바탕에 깔렸다. 흥과 신명은 춤과 노래뿐 아니라 놀이와 운동, 종교와 신앙, 예술 등등 고구려 문화 산물 전반에 보이는 정신적 씨줄이고 날줄이다. 명궁 주몽을 시조로 삼는 고구려 사람들이 아이 때부터 글 읽기와 활쏘기를 함께 배웠음은 잘 알려진 사실이다. 오늘날 한국의 양궁이 수십 년째 올림픽과 세계선수권을 제패하면서 국제 스포츠계의 불가사의가 된 것도 시작은 고구려가 아닐까?

고구려의 사냥매가 뛰어나다고 동아시아 여러 나라에서 이를 얻거나 구하려고 애썼다는 기록은 남아 있지 않다. 그러나 고구려의 후신을 자처했던 고려와 그 뒤를 이은 조선은 이웃 나라들의 사냥매 요청에 내내 시달렸다. 고구려 땅에서 나던 빼어난 사냥매 때문이다.

　수십 년 동안 계속된 전쟁 끝에 고려를 제압한 원나라는 곧바로 고려에 사냥매를, 그것도 매 중의 매라는 송골매를 보내 달라고 한다. 고려는 할 수 없이 사냥매 전담 기관인 '응방(鷹坊)'을 설치하여 오늘날의 함경도와 평안도 일대에서 사냥매를 구해오게 한다. 조선시대에는 명나라뿐 아니라 일본에서도 사냥매 요청이 들어와 관리들이 골머리를 앓게 된다. 중국이나 일본에도 사냥매는 있으나 한국의 사냥매만큼 꿩이며 기러기 사냥에 능하지는 않았던 까닭이다. 옛 고구려 땅, 함경도와 평안도에서 나는 송골매는 귀하고 가치도 높아 조선시대에 이 매를 나라에 바친 사람에게는 상으로 벼슬도 주었다. 사냥매가 고구려 사람들의 후손들에게 산으로 들로 훈련할 매를 구하러 다니게 만든 셈이다.

　오늘날 한류의 범주에는 드라마와 음악뿐 아니라 화장품(K-Beauty), 영화, E-Sports를 비롯한 각종 놀이, 채식 위주의 한식 음식문화도 포함되거나, 되고 있다. 한옥이며 온돌과 같은 주거문화, 한복을 중심으로 한 의복문화, 전통과 현대가 어우러진 미술문화도 오래지 않아 한류의 한 가지로 인식될 가능성이 크다. 물론 한류의 시작은 고구려의 수박희에서 비롯된 태권도다.

오늘날 한국문화의 바탕을 이루는 의식주와 놀이문화가 제 모습을 갖추어 드러나기 시작하는 시기는 삼국시대이다. 삼국 가운데 가장 먼저 문화의 틀을 짜고 그 안에 내용을 풍부하게 채워 넣은 나라는 고구려다. 그런 고구려 문화의 성격과 내용을 당대에 찍은 영상물처럼 보여 주는 유적이 고분벽화다. 고분벽화에 묘사된 고구려 사람의 놀이와 의식주에서 고구려 문화와 현대 한국문화 사이에 한류 원형의 성립과 계승, 발전이란 역사의 길이 놓여 있음을 확인할 수 있다. 이처럼 고구려 사람의 음악, 놀이, 운동은 한류 'K-Culture'의 첫걸음이었다.

고구려는
어떤 나라인가?

고구려 역사

　기원전 1세기 중엽, 부여에서 한 무리의 사람들이 남쪽으로 내려와 비류수 유역에 이르렀다. 졸본부여의 왕은 이 무리를 이끌고 온 인물이 부여왕실 출신이며, 뛰어난 활 솜씨로 '주몽'이라는 별명을 얻은 바로 그 사람이라는 사실을 알게 되었다. 왕은 주몽을 왕녀 소서노와 결혼시키면서 주몽 일행이 졸본천 근처에 자리를 잡는 것을 허락하였다. 오래지 않아 주몽은 졸본 왕의 자리에 오른다.

　'큰 나국'이라 불리던 구려 땅의 다섯 세력이 졸본의 '주몽왕'을 새 나라의 왕으로 추대하였다. 나라 이름은 고구려! 주몽 왕은 한 해 한 번씩 온 나라가 하나로 어우러지는 큰 모임, 큰 만남의 장, '동맹제'를 구상하고 열었다. 늦가을 정기적으로 개최되는 '동맹' 때에는 고구려의 모든 귀족과 대

기마궁술을 보이는 기사(무용총)

인이 한자리에 모여 나라의 중대사를 의논하고 결정하였다.

주몽왕의 뒤를 이은 유리명왕(琉璃明王)은 기원 3년 졸본을 떠나 '국내'로 서울을 옮겼다. 방어에도 적합하고 압록강을 이용한 교통상의 이점도 안고 있는 국내성을 서울로 삼은 뒤 고구려는 다시금 적극적인 대외정복에 나선다. 대무신왕(大武神王)은 즉위하자 시조 주몽을 모시는 동명왕묘(東明王廟)를 세워 민심을 하나로 모으고 동부여 원정군을 일으킨다. 호동왕자의 활약으로 남방의 낙랑국이 정복된 것도 대무신왕 때의 일이다.

6대 태조왕(太祖王)은 대외정복활동을 더욱 강력하게 추진하여 고구려군이 동쪽으로는 개마고원을 넘어 동옥저와 북옥저로 나가게 했다. 서쪽으로는 현도군과 요동군의 도시들에 말발굽이 미치게 한다. 태조왕 대부터는 계루부 고씨가 왕위를 잇게 된다.

2세기 말에는 정복전쟁 등과 관련하여 국가로부터 자주 부역에 동원되거나, 공납물을 마련하느라 살기 어려워진 사람들, 천재지변 등으로 농사를 망쳐 유랑 걸식하게 된 사람들이 많아졌다. 고국천왕은 봄에 곡식을 빌려주었다가 한 해의 추수가 끝나면 갚게 하는 '진대법'의 시행을 명한다.

3세기에 중국이 다시 분열되자 동천왕(東川王)은 요동으로의 진출을 모색하였다. 중무장한 철기(鐵騎) 5천을 동원할 수 있을 정도로 강력한 나라가 되었으니 요동 정복도 시도할 만하다는 생각이 들었던 까닭이다. 242년 고구려는 서안평(西安平)을 공격하지만, 오히려 위(魏)의 장수 관구검(毌丘儉)의 역공을 받아 국내성과 환도산성이 함락된다. 동천왕과 귀족들은 동해안의 북옥저까지 달아나야 했다.

317년 서진(西晉)이 멸망하고 북중국이 크게 혼란스러워졌다. 5호(胡)16국(國)시대가 시작된 것이다. 미천왕(美川王)은 이 틈을 타 낙랑과 대방을 정복하고 송화강(松花江) 유역의 부여도 병합하였다. 미천왕 시대에 이르러 한반도 서북의 곡창지대와 송화강 유역의 대평원이 모두 고구려의 영역이 되었다.

342년 전연의 모용황이 크게 군대를 일으켜 고구려를 공격해 왔다. 고국원왕은 부여를 지키는 데에는 성공하지만, 국내성을 지키는 데에는 실패한다. 고구려는 서쪽이 막히자 남쪽으로 영역을 넓혀 나가기로 하였다. 그러나 369년 현재의 황해도 남부까지 내려갔던 고구려군은 북쪽으로 올라오던 백제군과 맞닥뜨린다. 백제의 북방 정벌군은 고구려군을 패주시키며 평양성까지 치달아 올라온다. 진두에 나서 이를 막던 고국원왕은 백제군의 화살에 맞아 전사하고 만다.

고국원왕의 뒤를 이어 왕위에 오른 소수림왕은 시대와 국력에 걸맞은 옷을 만들어 입히지 않으면 안 된다고 판단하였다. 서방의 문화와 철학, 종교가 하나로 버무려진 불교가 372년 고구려에 공식적으로 수용되었다. 나라 운영을 책임질 관료를 양성하기 위한 고급교육기관인 '태학'도 세워졌다. 왕조의 통치제도를 법률적으로 정비한 율령이 반포된 것도 소수림왕 초기의 일이다. 소수림왕의 뒤를 이은 고국양왕은 나라 사람들에게 불교를 잘 믿어 복을 받으라고

철기가 호위하는 행렬(덕흥리벽화분).

기마전투(삼실총).

하면서 왕실의 조상신들을 모신 사당을 정비하게 하였다. 귀족 가문들이 더는 천손(天孫)을 자처하지 못하게 한 것도 이 무렵의 일이다.

18세의 나이로 왕위에 오른 고국양왕의 아들 담덕왕자, 광개토대왕은 곧바로 군사를 이끌고 백제 공격에 나선다. 한강 하류의 요새 관미성을 함락시킨 데 이어 한성마저 포위하자 백제 아신왕은 '앞으로 길이 고구려를 섬기겠다'는 맹세를 하고 많은 인질을 넘겨준다. 400년 광개토왕의 군대는 가야와 왜 연합군을 궤멸시키고 가락국의 본거지(김해)를 쑥밭으로 만든다. 뒤이어 요하 동쪽과 서쪽을 차지하고 있던 후연에 대한 정벌을 시작한다.

22년에 걸친 재위기간 동안 광개토왕은 고구려를 동아시아의 진정한 강자로 여겨지게 하였다. 광개토왕 시대의 고구려군은 서북으로는 대흥안령산맥 동쪽 거란사람들의 유목지대에 이르렀고 서로는 요하를 넘었다. 동으로는 동만주의 삼림지대를 지났고 남으로는 한강과 낙동강에 다다랐다.

이 시대에 고구려군이 사용한 철제 무기들은 주변 경쟁국 병사들이 쓰던 것보다 여러 면에서 질이 좋고 우수했다. 한강변 구의동 보루에서 발굴된 고구려군의 화살촉과 도끼는 초강(炒鋼)을 소재로 만들어졌으며, 탄소 함량이 0.86%에

달하는 고탄강(高炭鋼)으로 오늘날의 공구강 수준에 맞먹는 강도를 지닌 것으로 밝혀졌다.

413년 왕위에 오른 장수왕은 427년 평양으로 고구려의 수도를 옮겼다. 436년, 북위군과 고구려군이 북연의 수도 용성(화룡성)에서 마주치는 사태가 일어났다. 이때, 북연왕 풍홍의 구원 요청을 받아들여 용성을 향해 진군했던 2만의 고구려군은 북위군보다 먼저 성안으로 들어가 왕과 귀족, 일반인들로 구성된 대규모 망명행렬을 이끌고 성을 나왔다. 고구려군의 위세에 압도된 북위군은 이 행렬을 저지하지 않았다. 장수왕 시대에 동아시아에는 고구려, 유연, 남조, 북조로 이루어진 4강 중심의 국제질서가 자리 잡게 되었다. 동북아시아는 고구려의 세력권으로 국제적 공인을 받았다.

장수왕의 시대에도 고구려의 영역은 계속 확장되었다. 동몽골과 만주의 경계지대에서 목축생활을 하던 지두우 땅의 동부가 고구려에 합쳐졌고, 한강 이남의 경기지역 일부가 고구려 영토로 편입되었다. 백제는 한강유역을 빼앗기고 공주[웅진]로 수도를 옮겼다.

동아시아 4강 체제 성립 이후, 영토 확장을 위한 정복전쟁이 멈추자 고구려에서는 중앙과 지방의 고위관직을 두고

광개토왕릉비(중국 지린성 지안, 1920년대).

광개토왕릉비 탁본 1면.

지배세력 안에서 갈등이 일었다. 귀족들 사이의 다툼은 결국 왕위계승에도 영향을 주었다. 수도 평양에서만 2천여 명의 사상자를 내는 왕위계승전쟁이 일어났고, 유사한 현상이 왕위계승 때마다 되풀이되었다.

평원왕이 즉위할 즈음 고구려의 귀족들은 세력의 강약에 따라 합의를 통해 최고위직인 대대로를 맡는 자를 정하고 관직도 나누는 귀족 연립체제에 합의하였다. 고구려는 일단 대내적 안정을 얻을 수 있게 되었고, 외부로부터의 압박에 적절히 대응할 여유도 가질 수 있게 되었다.

589년 수가 중국을 통일하자 고구려를 압박하기 시작했다. 결국, 두 나라는 여러 차례 전쟁을 치른다. 전쟁 패배의 후유증으로 수가 멸망하자 뒤를 이은 당도 동방에 눈을 돌렸다. 고구려는 연개소문의 집권 이후 645년부터 당나라와 전쟁과 화의를 거듭하며 충돌한다.

660년 백제가 멸망하자 신라군이 당군을 위한 군량을 싣고 남쪽으로부터 북쪽의 평양을 향할 수 있게 되었다. 668년 9월 마침내 평양성이 포위되었다. 1개월 뒤 보장왕은 연개소문의 아들 남산으로 하여금 성에서 나가 적장에게 항복의 예를 올리게 한다. 700년에 걸친 고구려의 역사가 마침표를 찍은 것이다.

고구려 사회의 신분과 제도

고구려는 혼강과 압록강 유역의 유력한 나국들이 모여 나라가 되었다. 건국 전부터 고구려 사회는 '가(加)'로 불리는 지배층과 '민'으로 일컫는 피지배층으로 나뉘어 있었다. 가는 다시 대가(大加)와 소가(小加)로, 민은 호민(豪民)과 하호(下戶)로 나뉘었다. '가'는 머리에 절풍(折風)이라는 모자를 써 일반 백성과는 신분이 다르다는 사실을 나타냈다. 대가는 절풍에 새 깃을 꽂았고 소가는 절풍에 깃 장식을 할 수 없었다.

고구려가 주변의 크고 작은 나라들을 정복하여 나라의 크기를 키우면서 지배층의 수도 늘고 지배층 안에서도 위아래 구분이 더 나뉘었다. 나국이나 힘이 있던 소국의 지배자들은 고구려왕의 신하이면서 자신의 영토, 군대가 있고 사자, 조의, 선인 같은 신하가 있었다. 그러나 그렇지 않은 사람들은 국왕으로부터 상가, 대로, 패자, 주부, 우태라는 벼슬을 받는 중앙귀족이 되었다.

4세기에 들어서자 고구려는 나라의 영역이 더 넓어졌고 왕의 권력도 더욱 강해졌다. 귀족들의 수도 크게 늘었으며 벼슬 등급도 더 자세히 나뉘었다. 연장자를 뜻하는 '형(兄)', 심부름꾼의 명칭이던 '사자(使者)' 관등이 세분된 것도 이때의 일이다.

대형과 소형으로만 나뉘었던 형계 관등은 5세기에는 태대형, 위두대형, 대형, 소형과 제형으로 세분되었다. 대사자, 소사자로만 나뉘었던 사자계 관등도 태대사자, 대사자, 소사자, 상위사자로 구분되었다. 6세기경 고구려에는 1등급인 대대로부터 12등급인 선인까지 모두 12등급 정도의 관등이 존재했다.

고대사회에서 관등은 신분의 한계를 정하는 수단인 동시에 대대로 계승되었다. 고구려에서도 마찬가지였다. 그런 까닭에 국가의 중대사는 1등급인 대대로부터 5등급인 위두대형까지의 귀족들이 관장했다. 신라 골품제에서 진골과 6두품 사이에 엄격한 경계선이 있었고 백제에서는 대성 8족이 고위 관직을 독차지했듯이 고구려에서도 6등급 이하 귀족들은 최상층 귀족의 세계에는 접근할 수 없었다.

고구려는 주변의 작은 나라들을 정복하면 크기에 따라 성으로 삼거나 읍, 곡, 홀로 삼았다. 이때 왕, 주, 군, 후로 불렸던 그 땅의 지배자들은 고구려왕의 관리가 되어 그 땅에 남았다. 고구려왕의 권력이 더욱 강해진 뒤에는 성이나 읍의 지배자는 서울로 오고 중앙정부에서 태수, 재 등으로 임명된 관리들이 그 자리로 내려갔다.

고구려가 제국의 수준에 이르는 5세기 즈음에는 지방 행정체제도 세분되고 관직 이름도 달라졌다. 6세기에는 이전의 5부에 해당하는 큰 행정단위의 행정 및 군사 책임자를 '욕살'이라 불렀다. 지방의 큰 성은 '처려근지', 중간 크기의 성은 '가라달', 작은 성은 '누초'가 행정을 책임졌다. 큰 성의 군사 책임자는 '대모달', 작은 성의 군사책임자는 '말객'이라 불렀다.

고구려는 건국 이후 국가의 중요한 정치적 문제는 5부 귀족을 대표하는 대가들과 왕실의 주요 인물들로 구성된 제가평의회에서 다루었다. 이 모임에서는 왕위계승, 주요 관직 등용 대상자 추천, 국가 반역자의 처벌 등의 문제가 논의되었다. 그러나 6세기 말 대대로 중심의 중앙집권 관료제도가 자리 잡자 제가평의회는 더는 열리지 않게 되었다.

6세기 말부터 고구려에서는 각각의 귀족집단을 대표하는 막리지들이 모여 대대로를 선출했고 이 대대로가 국정을 마음대로 했다. 대대로는 3년에 한 번씩 막리지 중심 귀족 회의를 통하여 선출되었다. 막리지들이 모인 귀족회의에서 대대로를 누구로 할지 합의가 이루어지지 않으면 귀족들 사이에 사병을 동원한 전투가 벌어졌다. 이때에는 왕도 궁문을 닫아걸고 결말을 기다려야 했다. 이렇듯 귀족들의 권한이 막강한 시기를 '귀족연립시대'라고 한다.

장방 안에 앉아 신하의 보고를 받는 귀족(안악3호분).

유주13군 태수의 유주자사 배례(덕흥리벽화분).

고구려 사람의 일생

한국인의 조상은 예맥족과 한족이다. 예맥족은 기원전 10세기 이전부터 만주 남부와 한반도 북부를 생활무대로 삼았고 한(韓)족은 주로 한반도 중부와 남부에 살았다. 예맥족이 고조선과 부여를 세웠고 한족이 세운 작은 나라들은 진이라고 불렸다. 부여 사람 가운데 압록강 유역에 정착한 사람들은 저들이 쌓은 '성'을 가리키는 '구려 사람'으로 일컫게 되었다. 고구려는 이들 구려 사람들이 힘을 모아 세운 부여계 나라이다.

목축을 주로 하고 수렵을 보조로 삼았던 부여 사람들과 달리 산간계곡과 그 사이의 좁은 들판이 삶의 터전이었던 고구려 사람들은 수렵과 농경으로 생계를 꾸렸다. 이런 까닭에 고구려 사람들은 매사에 강인하고 적극적이었다. 고구려 남자들이 중국의 한족으로부터 빠르고 거칠다는 평을 들었던 것도 이 때문이다.

고구려는 일부일처제 사회였지만 왕은 왕비 외에 여러 명의 후궁을 거느렸다. 상류 귀족 중에는 부인이나 첩을 둘 이상 거느리는 이도 있었다. 한 집에는 보통 부부와 그들의 자녀 두세 명이 함께 살았다. 혼인한 딸의 가족도 별채에서 지내는 경우가 많았다.

고구려에서는 자식의 부모에 대한 효도와 복종, 형제간
에는 우애가 강조되었다. 어린 자녀들에 대한 기본 교육은
가정 내에서 이루어졌다. 혼인하기 전까지 사내아이들은
'경당'에 나가 독서와 활쏘기 등을 교육받았다.

결혼은 부모나 친족들이 상대방의 부모나 친족들과 약속
하는 방식으로 이루어졌다. 결혼식은 신랑이 저녁에 신부
집 문 앞에 와 자기 이름을 말하고 신부의 부모가 있는 곳
을 향해 큰절한 뒤 신부와 함께 지내게 해 달라고 조르는 것
으로 시작된다. 조르기를 그치지 않으면 신부의 부모는 신
랑을 집 안으로 들인다. 이때 신랑은 준비해 온 돼지고기와
술을 들고 안으로 들어간다. 다른 예물은 없다. 신부 집에
서 신랑 집으로부터 재물을 받기라도 하면, 이웃으로부터
딸을 노비로 파는 집이라며 흉잡히고 멸시당했다.

한바탕 잔치를 치른 뒤 신랑은 신부와 함께 '서옥(婿屋)'으
로 들어가 첫날밤을 보낸다. 서옥은 약혼한 다음 신부 집
에서 별도로 지어 둔 작은 집이다. 결혼한 부부는 이곳에서
아이를 낳고, 아이가 다 자랄 때까지 살다가 친가로 돌아갔
다. 처갓집 서옥에 머무르는 동안 남편은 사냥도 하고 부역
도 나가면서 부지런히 처갓집 일을 돕는다.

새 가정을 이루고 처가살이를 하는 관습은 한국 고유의

풍습이기도 하다. 고려시대에도 신혼 때부터 처가살이했고 조선시대에도 마찬가지였다. 신부가 아이를 낳을 때는 친정으로 돌아갈 뿐 아니라 아이가 태어나 돌 지날 때까지 친정에 머물렀다. 당연히 사위도 처가에 들어가 살았다. 18세기 후반까지 처가살이는 조선의 사대부 집안에서조차 당연시되었다. 처가살이하면서 처가의 제사를 잇는 사대부도 적지 않았다. 고구려에서는 결혼할 때에 신랑·신부의 수의(壽衣)도 만드는 관습이 있었다. 함께 늙고 세상도 함께 뜨자는 뜻, 곧 오래오래 부부로 살자는 의미를 담은 아름다운 관습이다.

고구려에서는 형이 죽으면 아우가 형수와 조카들을 자기 가족으로 받아들여 돌보았다. 이를 형수를 아내로 삼는다 하여 '형사취수제'라 하였다. 환경이 척박하고 기근과 전쟁이 잦은 곳에서는 형제가 여럿이라도 가문의 대를 잇기가 쉽지 않다. 형사취수제는 이런 사회에서 자연스럽게 나타나는 관습이라 할 수 있다. 고국천왕의 왕비 우씨가 왕이 죽자 시동생 연우(산상왕)의 아내가 되어 2대에 걸쳐 왕비 노릇을 할 수 있었던 것도 이 제도 덕이다.

일반 백성들은 농사와 길쌈으로 대표되는 생산 활동으로 많은 시간을 보냈다. 산간지방이 많았던 만큼 고구려에서는 논농사보다 밭농사가 활발하였다. 세금으로도 밭농사 작물인 조를 내는 것이 일반적이었다. 농민들 대다수는 자신의 소규모 농토를 갖고 대대로 농업에 종사하였다. 하지만 농토가 없거나 농사지을 땅을 빌리지 못한 사람들은 도시와 시골을 오가면서 소금과 같은 생필품을 팔거나 장터에서 수공품을 매매하며 먹고 살았다. 그런 재주도 없는 사람들은 남의 집에 머슴으로 들어가 생계를 이었다.

필요로 하는 생필품은 스스로 만들어 썼다. 삼을 심어서 채취하여 베를 짰고 뽕나무를 심고 누에를 쳐 비단을 짜는 일은 주로 여자가 맡았다. 실을 잣고 베를 짜서 만든 옷감은 대부분 국가에 세금으로 내고 남은 것으로 가족 옷을 만들어 입었다.

농사일이 뜸한 농한기에 백성들은 국가나 마을 단위로 실시하는 저수지나 도로 보수, 공공건물 수리, 성 쌓기 등에 동원되었다. 농한기가 아니라도 전쟁이 일어나면 전투병을 지원하고 보조하는 일은 일반 백성들의 몫이었다. 고구려의 평민들은 집마다 1년에 좁쌀 5석을 세금으로 냈다. 물론 세금을 얼마나 낼지는 빈부에 따라 상, 중, 하로 등급이 나누어졌다. 이외에 집마다 베 5필을 별도로 냈다. 수공업이나 광업에 종사하는 사람은 생산하는 물건으로 세금을 냈

고구려인 부부(각저총)

고구려의 집 모양 토기, 국립중앙박물관.

철제 쟁기와 쇠삽날(환런 오녀산성 출토),
중국 랴오닝성박물관.

다. 잣, 호두와 같은 과일이나 수달피 같은 짐승 가죽도 따로 정한 기준에 따라 특별세로 냈다.

사람이 죽으면 집안에 빈소를 만들어 놓고 3년이 지나기를 기다렸다. 이를 빈장(殯葬)이라고 한다. 3년 뒤에는 날을 잡아 장사를 지냈다. 부모와 남편의 상일 때에는 3년 동안 상복을 입었고 형제 사이면 석 달 동안 입었다. 장례가 끝나면 죽은 이가 살았을 때 쓰던 의복, 노리개, 수레 등을 무덤 곁에 두어 장례에 참석했던 이들이 가져가게 했다.

처음 상을 치를 때는 눈물을 흘리며 곡을 한다. 그러나 빈장이 끝나고 장례를 치를 때는 풍악을 울리며 춤과 노래로 죽은 이의 영혼이 기쁜 마음으로 저세상으로 갈 수 있게 하였다. 근래까지도 이런 관습이 남아 있어 상가에 가면 밤새워 노래를 부르고 춤을 추며 노는 것을 예의로 여긴다. 이 역시 고구려 시대 이래의 오랜 관습이다.

고구려의 성과 집

1) 성

고구려 사람들은 돌이 많은 산간지대에 주로 살았다. 이런 까닭에 산과 평지가 맞닿는 지점에 돌로 쌓는 석성을 주로 만들었다. 산간지대의 길목을 따라 특유의 공법으로 단단하게 쌓은 고구려 산성들은 말 그대로 난공불락이다. 외부의 침략자들에게 고구려의 성은 평안도 영변의 철옹성처럼 부술 수 없는 '쇠솥'처럼 여겨졌다.

그리고 지형에 따라 다양한 형태로 산성을 쌓았다. 산성들은 자연스럽게 서로 건너보며 지켜 주는 자리에 있다. 고구려 사람들은 삼면(三面)이 높은 산이나 절벽으로 막혀 자연방어가 가능하고, 다른 한 면(주로 남쪽)은 경사가 완만하여 출입이 비교적 용이한 곳에 산성을 쌓았다. 이러한 성은 2개 이상의 골짜기를 포함하여 오래도록 포위되어도 물 걱정은 하지 않아도 되었다.

성의 성벽은 가장 아랫부분 커다란 네모꼴 바윗돌을 쌓고, 그 위에 앞이 약간 넓고 뒤가 좁은 옥수수알 모양의 돌을 바깥에 놓고, 베틀의 북처럼 양쪽 끝이 뾰족한 돌을 안쪽에 끼워 넣어 서로 쐐기처럼 맞물리게 쌓았다. 성벽 아래는

폭이 넓고 위로 갈수록 좁아지게 조금씩 들여쌓았다. 이렇게 쌓은 성벽은 견고하여 외부의 큰 충격도 견딜 수 있다. 성벽 구간별로 책임자를 정하고 그 사실을 성돌에 새기게 해 부실공사로 성벽이 무너지는 일이 없게 하였다.

성벽을 쌓는 과정에는 일정 구간마다 '치(雉)'를 설치하였다. 치는 성벽에 접근한 적을 옆에서 공격할 수 있도록 직각으로 튀어나오게 만든 시설이다. 성문 둘레의 성벽은 둥글게 앞으로 나와 성문을 감싸도록 옹성을 쌓았다. 옹성이 있으면 성문 방어전투가 쉽다. 성벽 위는 요철 형태로 마무리하여 성가퀴에 몸을 숨기고 적을 공격할 수 있다. 성벽 바깥에는 깊고 넓게 도랑을 파고 물을 채운 해자를 만들어 적이 곧바로 성벽에 접근하기 어렵게 하였다. 평양성 둘레의 대동강과 보통강처럼 강이 천연 해자의 역할을 하기도 한다.

2) 집

고구려의 집은 귀족과 일반 백성의 것 사이에 차이가 있었다. 귀족 저택은 사랑채와 안채로 이루어졌다. 부엌, 고깃간, 방앗간, 다락창고, 외양간, 마구간, 차고와 같이 살림살이와 관련된 부속 건물들은 대부분 안채 좌우에 배치된다. 안채에는 이외에도 제사를 지내는 신묘(神廟), 혼인한 딸

백암성(중국 랴오닝성 등탑).

의 가족이 머무는 서옥(婿屋) 등이 있다. 안채의 넓은 뜰 한 편에는 정원과 연못이 마련되는 것이 일반적이었다. 귀족 저택 건물들의 지붕은 기와로 덮었다.

기와집의 지붕 형태는 부속건물일 때는 맞배지붕, 주요 건물인 경우는 우진각지붕이 일반적이었다. 기와지붕의 양 끝을 장식하는 치미(鴟尾)가 건물의 격을 나타내는 방법으로 사용되었다. 기와무늬로는 승문(繩文)과 격자무늬가 많았으나 불교가 전해진 이후에는 연꽃무늬로 장식된 막새기와도 등장한다. 건축물의 기초나 무덤 칸 통로의 바닥에는 전(塼)이 사용되었다. 전의 형태는 방형, 장방형, 삼각형, 부채꼴 등 다양하다. 문양이 없는 것이 대부분이지만 화려한 연꽃 무늬를 넣은 것도 만들어져 사용되었다. 저택 안에서는 신발을 벗고 올라앉는 평상이나 좌상이 주로 사용되었다. 귀족들은 휘장, 두꺼운 깔개와 같은 방한용 실내용품과 따뜻한 의복의 도움을 받아 긴 겨울 추위를 이겨 냈다.

반면 일반 백성들은 짚이나 너와로 지붕을 덮은 한 칸이나 두 칸짜리 '一'자형 초가에 살았다. 일반 백성의 가옥에는 방바닥의 한쪽 벽에 붙여 '一'자 혹은 'ㄱ'자 꼴 쪽구들 온돌 고래를 만들었다. 한쪽 끝 아궁이에서 불을 때면 열기와 온기가 고래를 타고 지나다가 다른 쪽 끝에 설치된 굴뚝

부뚜막과 온돌(아차산보루 복원 모형), 서울대학교박물관.

을 통해 빠져나간다. 고구려 때에는 방안 일부만 덥히는 쪽
구들 온돌이 주로 설치되었다.

고구려 사람의 옷과 음식

1) 옷

공식 모임에 비단에 수놓은 의복을 입고 금은으로 장식한다. 대
가와 주부는 머리에 책을 쓴다. (중국의) 책과 비슷하나 뒤로 늘
어뜨리는 부분이 없다. 소가는 절풍을 쓰며 모양이 고깔과 같다.

-『삼국지』권30, 「위서」 30.

고구려 사람들은 남녀가 모두 저고리와 바지를 기본 차림으로 삼았다. 저고리는 아랫단이 엉덩이에 이르는 긴 것으로 초기에는 옷깃을 왼쪽으로 여미는 '왼쪽 여밈(左衽)'이 일반적이었다. 왼쪽 여밈은 수렵이나 목축 등으로 말미암아 활을 즐겨 쓰는 민족들이 입는 저고리 깃 마감 방식이다. 저고리 소매의 너비는 신분에 따라 달랐다. 귀족이 입은 저고리의 소매가 평민의 것보다 넓었다. 저고리의 깃과 섶, 도련, 소매 끝에는 의복 바탕과는 다른 선(襈)이라는 불리는 긴 띠를 대어 실용과 장식의 효과를 냈다.

바지는 통의 너비로 신분의 높고 낮음을 가릴 수 있었다. 신분이 높은 사람은 대구고(大口袴)라 하여 통 넓은 바지를, 낮은 사람은 궁고(窮袴)라 불린 통 좁은 바지를 입었다. 그러나 무용수처럼 직업상 필요하거나 귀족 집안의 시종 같은 경우에는 통 넓은 바지를 입어도 문제가 되지 않았다.

저고리와 바지 위에 두루마기를 덧입기도 하였다. 두루마기는 추위를 막기 위해 개발된 옷이어서 길이가 발목에 이를 정도로 길었다. 후에 두루마기는 의례용으로 쓰임새가 바뀌어 귀족층이 즐겨 입는 덧옷이 되었다. 저고리나 두루마기의 허리쯤에는 천이나 가죽으로 만든 띠를 매었다. 띠에는 금이나 은, 철제 장식을 매달았다.

고구려 전기의 수도였던 환인(졸본)과 집안(국내성)지역에서는 비교적 밝고 단순한 색상의 바탕천에 점무늬, 마름모무늬, 꽃무늬를 간결하게 반복하여 장식한 옷이 선호되었다. 후기의 수도인 평양지역에서는 더 다양하고 화려한 색상의 바탕천에 구름무늬, 물결무늬, 넝쿨무늬, 각종 기하무늬 등을 두세 가지씩 섞은 복잡하고 화려하게 장식한 옷이 유행하였다. 고유색이 강하였던 환인 및 집안 지역과 중국 등 외래문화의 수용과 소화에 적극적이었던 평양지역 문화 전통의 차이에서 비롯된 현상이다.

고구려 남자들은 결혼하면 머리 위 한가운데로 모아 방망이 모양으로 묶는 곧은 상투를 기본으로 삼았다. 상투 위에는 신분과 지위에 따라 구분되는 다양한 형태의 모자를 썼다. 고분벽화에는 건(巾), 절풍(折風), 조우관(鳥羽冠), 책(幘), 라관(羅冠) 등 여러 종류의 남성용 모자가 등장한다.

건(巾)은 수건과 같은 형태의 천으로 머리를 싸고 뒤에서 묶는 방식의 초보적인 모자를 킨다. 절풍은 정수리 부분이 위가 뾰족한 세모꼴이다. 절풍의 좌우에 새 깃을 한 개씩 꽂거나, 정수리 부분에 새 깃 여러 개를 한꺼번에 꽂은 것을 조우관(鳥羽冠)이라고 한다. 신분이나 지위의 높낮이에 따라 모자에 꽂는 깃의 수가 달랐다. 신분이 높으면 금이나 은으

모자로 신분과 지위를 나타낸 고구려 남자들(사진의 표시는 해당 장면이 그려진 벽화고분).

안악3호분

쌍영총

수산리벽화분

동암리벽화분

덕흥리벽화분

수산리벽화분

무용총

쌍영총

동암리벽화분

개마총

삼실총

덕흥리벽화분

동암리벽화분

덕흥리벽화분　　　　　　　무용총

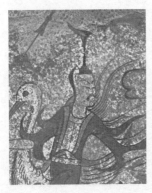

통구사신총　　　　　　　안악3호분

감신총　　　　　안악3호분　　　　　삼실총

고구려 여자들의 머리 모양과 머리 장식(사진의 표시는 해당 장면이 그려진 벽화고분).

천왕지신총

안악3호분

안악3호분

안악3호분

안악3호분

안악3호분

덕흥리벽화분　　　　　　　　감신총

각저총　　　　　　　　　삼실총

수산리벽화분　　　　　삼실총　　　　　　쌍영총

수산리벽화분

무용총

장천1호분

삼실총

무용총

수산리벽화분

덕흥리벽화분

로 만든 새 깃으로 절풍을 장식하기도 했다.

책(幘)은 문관이나 무관의 의례용 모자로 주로 사용되었다. 앞부분이 모자 테보다 한 단 높고, 앞부분보다 더 높은 뒷부분이 두 가닥으로 갈라지면서 앞으로 구부러진 형태의 책과 뒤 운두가 뾰족하게 솟은 책 두 종류가 있었다. 뒤 운두가 솟은 책은 주로 무사들이 썼다. 책에 사용된 천의 종류나, 색깔로 신분의 차이를 나타냈다.

나관(羅冠)은 신분과 지위가 높은 인물만이 쓰던 모자이다. 뒤 운두가 솟은 책 형태의 내관과 발이 성긴 '나(羅)'라는 비단으로 짠 외관으로 이루어졌다. 고구려에서 왕은 백색, 대신은 청색, 그다음 신분의 귀족은 붉은색 비단으로 짠 나관을 썼다.

고구려 여자들은 바지 위에 치마를 덧입는 것이 일반적이었다. 치마는 주름을 잡고 단에 선을 댄 주름치마가 대부분이었다. 치마 길이는 정강이까지 오는 것에서 발을 덮을 정도로 긴 것까지 여러 가지가 있었다. 여자도 겉옷으로 두루마기를 걸쳤는데, 소매 끝과 깃, 아랫단에 선을 댔고 길이는 저고리보다 조금 길었다. 띠는 검은색, 흰색, 붉은색, 자주색 등 여러 가지였다. 띠에 장식물을 매달기도 하였다.

여자들은 결혼하기 전에는 머리를 뒤로 길게 땋아 내렸

새 깃 장식 절풍을 머리에 쓴 기사(무용총).

다. 그러나 시집가면 머리를 올려 둥글게 묶은 뒤 쪽지는 올린머리를 하였다. 여염집 부녀자들은 단순히 얹은머리를 하는 것이 일반적이었다. 하지만 상급귀족 및 왕실 부녀들은 한 가닥이나 여러 가닥으로 고리를 틀어 올리는 고리 튼 머리로 멋을 냈다.

　신발은 가죽신인 '화(靴)와 혜(鞋)', 짚풀 등을 재료로 만든

귀부인(수산리벽화분).　　　　시녀(무용총).

신 '이(履)'가 주로 사용되었다. 이런 신발들은 모두 신발 코
가 도드라졌는데, 고구려 사람들이 코가 도드라진 버선을
즐겨 신었던 까닭이다. 화는 신발의 목이 발목 조금 위까지
올라가는 짧은 것이 많았으며 흰색과 검은색이 있었다. 신
발의 목이 올라가지 않고 신발 코만 도드라진 이(履)는 흰색,
붉은색, 검은색이 있었다. 이 외에 기병이 덧신는 금속제 전

투용 신발도 있었다. 벽화에도 보이는 이런 신발은 바닥에 날카로운 못들이 여러 개 거꾸로 박혀 기병에게 접근하는 보병을 발로 차 상처를 입힐 수 있었다.

2) 음식

고구려 사람들은 조와 콩을 비롯하여 밀, 보리, 수수, 기장 등을 주식으로 삼았다. 주로 밭농사로 수확하는 곡식이다. 고구려의 영토가 한반도 중부로 확대된 뒤에는 밭농사와 논농사로 거둔 쌀도 주식 재료가 되었다.

고구려에서는 하천과 바다에서 잡아들이는 물고기와 자라 등도 음식 재료로 사용되었다. 가축으로 기르는 소, 돼지, 닭, 개, 사냥으로 얻는 멧돼지, 노루, 꿩과 같은 짐승들은 육식 재료로 쓰였다. 상추와 같은 일부 채소류도 재배되었다. 이 외에 다양한 종류의 산나물, 도토리를 비롯한 견과류, 마를 비롯한 뿌리식물, 느릅나무 껍질과 같은 구황식물(救荒植物)들도 음식재료로 쓰였다. 음식의 조리와 보관에 필수적이던 소금은 주로 동해안에서 생산, 보급되었다.

고구려 사람들은 조나 보리, 수수 등의 곡식을 방아로 찧고 맷돌로 가루를 내어 시루에 쪄 먹었다. 심발과 같은 토기를 이용하여 죽처럼 끓여 먹기도 했다. 고구려 유적에서 시루가 빈번히 출토되는 것은 고구려 사람들이 부뚜막의 확에 얹은 쇠솥 위에 시루를 걸고 뜨거운 증기로 음식을 쪄 냈기 때문이다. 고두밥에 가까운 쪄낸 음식과 짝을 이룬 것이 국이다. 고구려 일반 백성들은 발, 완 및 대부완에 담은 밥과 국, 소금에 절인 채소, 콩을 발효시킨 장을 반찬으로 삼아 식사를 했다.

고구려에서도 경제적으로 상당한 여유가 있는 왕실이나 귀족 집안에서는 멧돼지나 노루 고기를 소금에 절인 뒤 훈제하여 고리에 걸어 두거나 특정한 장소에 보관했다. 맥적(貊炙)이라는 고기요리는 간장과 같이 맛을 낼 수 있는 부가 재료를 더해서 불에 구워 손님에게 대접했을 것으로 추정된다. 맥적도 일반 민가에서는 맛보기 어려운 음식이었을 것이다. 온달 이야기에서 알 수 있듯이 경작할 밭 한 뙈기도 없는 집안에서는 하급 귀족가문이라 할지라도 평범한 백성처럼 식사하기가 쉽지 않았다. 흉년으로 날품팔이도 어려워지면 산에 올라가 느릅나무 껍질을 벗겨와 가루를 내어 쪄먹을 수밖에 없었다.

귀족 집에서는 부엌에서 조리가 끝나면 하녀가 음식을 그릇에 담아 소반에 받쳐 들고 안채나 사랑채로 가져가 상차림을 했다. 주인과 손님의 상은 따로 차렸으며, 상마다 음

음식 조리와 상차리기(안악3호분).

쇠솥과 시루(서울 구의동 보루 출토), 서울대학교박물관.

식을 따로 놓았다. 상차림에 사용된 소반은 다리가 안으로 휘어든 낮은 것이어서 상을 받는 사람이 바닥이나, 평상이나 좌상 등 어디에 앉아 있더라도 무릎 앞에 놓을 수 있었다. 일자로 곧추 내려오는 다리가 긴 소반은 평상에 걸터앉은 사람이 그 자세로 식사하기에 불편하지 않게 만들어진 상이다. 때에 따라 쟁반처럼 다리가 없는 그릇 받침도 상차림에 사용되었다. 부엌에서 안채나 사랑채로 가는 음식상은 모두 한 사람이 들고 갈 수 있는 크기로 만들어졌다.

고구려의 과학기술과 예술

1) 과학기술

고구려 사람들은 해신과 달신의 아들 주몽이 세운 나라에 산다는 믿음과 자부심을 지니고 있었다. 별자리에 대한 신앙이 강했고 별자리 관측을 열심히 하였다. 지속적인 천문관측에 힘입어 4세기에는 290개의 별자리, 1467개의 별로 이루어진 정교한 천문도를 제작하였다. 조선시대까지 평양에는 5세기경 축조된 고구려의 천문대가 남아 있었다. 고구려의 천문도는 조선시대에 석각 '천상열차분야지도'로 재현되었다.

일본에서 고마자(高麗尺, 35cm)로 알려진 '고구려자'는 고구려에 독자적인 도량형 제도가 있었음을 알게 한다. 고구려의 건축 유적들에는 고구려자가 표준 척도로 사용되었다는 사실을 확인시켜 준다. 표준 척도의 사용으로 말미암아 고구려의 성, 건물, 무덤은 안정감과 균형감을 갖춘 건축물로 축조될 수 있었다.

고구려 사람들이 토목건축 기술을 매우 높은 수준으로 끌어올렸다는 사실은 현재 남아 있는 고구려의 성과 무덤들을 통해서도 확인할 수 있다. 고구려의 성들은 '난공불락'으로 여겨질 정도로 튼튼했다. 돌무지무덤이나 흙무지돌방무덤들도 시간의 흐름에 따른 구조물 전체의 무게 변화, 계절 및 기후환경 변화에 따른 온습도의 차이 등이 정밀하게 계산된 상태로 축조되었다. 고구려의 성과 무덤들이 인공적인 파괴의 손길이 닿지 않은 경우, 지금도 원형을 유지하고 있는 것도 이 때문이다.

고구려의 금속 제련기술은 청동기시대 이래의 금속기술을 이어받은 것이다. 기원전 3세기경부터 압록강과 독로강 일대의 고구려 사람들은 발달한 철 제련기술을 바탕으로 강철제 도구를 만들어 사용하였다. 풍부한 철광석 산지들은

천상열차분야지도 복원도(김일권).

삼족오 장식 금동관식(진파리7호분 출토), 조선중앙력사박물관.

고구려에서 우수한 강철제품을 대량 생산하는 데에 큰 도움이 되었다. 6세기 고구려 유적에서 발견된 강철제 무기들은 녹을 닦아 내면 지금도 사용이 가능할 정도로 단단하다.

고구려 금속기술자들이 개발한 금은 제련술 및 빼어난 아말감 도금법은 매우 아름다우면서도 단단한 금은제 및 금동제 장식품들이 생산될 수 있게 하였다. 특히 금 제련술은 불로장생의 단약 제조를 목표로 하는 연단술(煉丹術)과도 관계가 깊어 중국에도 널리 알려졌다. 5세기 중국에 알려진 고구려 의약재 11종 가운데에는 잘 정련되어 안전하게 복용할 수 있는 고구려산 금가루도 포함되어 있다. 또한, 금은, 금동 장식 제품과 기술은 신라로도 전해져 아름다운 신라 금동제 장식품의 시대를 열 수 있게 하였다.

잘 제련된 금가루를 포함한 의약재 외에도 고구려의 발달된 의약 처방, 침술 등은 중국과 일본에도 잘 알려졌다. 7세기경 고구려의 학문승에게 침술을 배우고자 애쓴 일본의 승려 이야기가 역사서에 전한다. 8세기 만들어진 중국 의약서에는 고구려 명의의 처방이 소개되었다.

2)예술

고구려의 회화는 주로 고분벽화로 남아 전한다. 고분벽화는 내용과 주제에 의해 3시기로 나뉜다. 3세기 중엽부터 5세기 초까지 제작된 고분벽화는 초기 작품으로 공통주제는 생활풍속이다. 죽은 자의 삶을 벽화로 재현해 내는 데에 초점을 두고 제작되었다. 돌방 벽에 백회를 바른 다음, 그 위에 그림을 그렸다.

5세기 중엽부터 말기에 걸쳐 그려진 제2기 벽화는 생활풍속, 장식무늬, 사신 등이 서로 어우러진 예가 많다. 백회가 마르기 전에 그림을 그리는 프레스코법과 마른 다음 그리는 세코법으로 제작된 사례들이 확인된다. 장식무늬 고분벽화는 5세기 중엽에 많이 제작되는데, 대부분 연꽃을 소재로 삼은 것이다. 2기 고분벽화에는 불교행사와 관련된 것 외에 5세기 고구려의 동서교류 양상을 드러내는 것도 보인다. 인물화의 발달이 두드러진 것도 이 시기 벽화의 특징 가운데 하나이다.

6세기 초부터 7세기 전반에 이르는 제3기 벽화의 주제는 사신이다. 벽화는 돌방 벽면에 얇게 호분을 바른 뒤 그 위에 그린다. 국내성이 있는 집안과 수도인 평양 사이에 묘사기법과 색채 구성상의 차별성이 뚜렷이 보인다. 〈강서대묘〉 벽화에서 배경을 일체 생략함으로써 공간적 깊이를 더한 고구려식 사신 표현의 백미를 볼 수 있다.

고구려의 조각과 관련된 유물은 불상류를 제외하면 거의 남아 있지 않다. 금동불, 석불, 니불(泥佛) 등은 초기에는 북중국의 영향을 보여 준다. 그러나 점차 원만한 얼굴, 여유 있는 표정에 당당하고 힘 있는 자세가 잘 어우러진 고구려식 불상으로 바뀌어 간다.

고구려의 공예작품은 주로 고분 출토유물과 벽화를 통해 내용과 특징을 파악할 수 있다. 공예품 가운데 눈길을 끄는 것은 관모(冠帽)이다. 지금까지 알려진 10여 개의 금동관은 대부분 중앙 상부는 삼엽문투조(三葉文透彫)이며, 관모 좌우를 새 깃 모양 입식(立飾)으로 장식하고 있다. 이와 같은 형식이 신라와 가야의 금동관에 영향을 주었다. 고구려 고분에서 출토된 가는 고리 귀걸이와 굵은 고리 귀걸이는 신라 및 가야의 귀걸이에 직접 영향을 준 작품들이다. 제작 시기상 고구려가 출발점이라고 할 수 있다.

이 외에 경주 〈호우총〉에서 출토된 '청동호우', 집안 〈칠성산96호분〉에서 출토된 '솥과 초두' 등은 실용적이면서도 아름다운 선과 장식이 더해진 것으로 신라의 금속공예에 직접 영향을 준 고구려 공예품이다. 집안과 평양 일대의 유

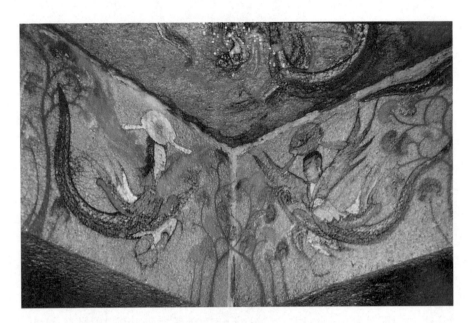

해신과 달신(오회분4호묘).

현무(강서대묘).

적에서 출토되는 둥근 고리 큰 칼을 비롯한 화살촉, 창, 갑옷과 투구, 말 갑옷과 수레 장식 등 각종 무기와 무장, 마구류도 고구려 공예의 수준을 알게 하는 귀중한 유물들이다.

고구려의 종교와 신앙

고구려 사람들은 조상신과 천제(天帝), 해와 달, 각종 별자리의 신들, 강과 바다를 관장하는 신들을 신앙했다. 고구려에서 주요한 제사 대상이던 부여신은 시조왕 주몽의 어머니 하백녀 유화다. 수신 하백의 딸 유화는 지모신(地母神)이자 수신(水神)이었다. 주몽 왕이 신격화된 등고신은 천제의 아들인 해신을 가리킨다. 국가의 제천행사인 동맹 때에는 산속 동굴에서 수신(隧神)을 모셔왔다.

고구려가 크게 성장하여 동북아시아의 패권을 쥐게 되자 고구려 사람들은 자기 나라가 이웃 중국이나 내륙아시아 초원 지대 유목제국과 구분되는 독자적인 천하의 중심으로 여기게 되었다. 자연히 시조 주몽에 대한 숭배심도 높아져 주몽을 신으로 우러르게 되었다. 5세기에는 고구려의 큰 성마다 시조 주몽신과 시조의 어머니 유화신을 모시는 사당들이 세워졌다. 고구려 백성들 사이에는 마을과 나라에 어

불교승려의 설법을 듣는 고구려 귀족(무용총).

려움이 있으면 주몽신의 사당에 가서 제사하는 관습도 생겨났다.

고구려 사람들은 사람이 죽으면 그의 영혼이 조상신이 계시는 하늘로 돌아간다고 믿었다. 그런 까닭에 별과 별자리는 고구려 사람들에게는 친숙한 신앙대상이었다. 별자리에서 유래한 선인과 옥녀, 기이한 새와 짐승들이 신앙대상이 되었다. 별자리를 형상화한 청룡, 백호, 주작, 현무 같은 방위별 수호신도 신으로 믿어졌다.

372년 고구려에 불교가 공인되자 여래, 보살, 천인들이 고구려 사람들의 새로운 신앙대상이 되었다. 불교와 함께 고구려에 전해진 서아시아 및 인도신화의 주인공들도 신앙 대상에 더해졌다. 연꽃은 고구려 사람들의 불교 신앙을 나타내는 상징처럼 여겨져 불교사원뿐 아니라 무덤벽화의 주요한 장식 제재가 되기도 하였다. 5세기의 고구려 사람들에게 연꽃은 깨달음의 상징이자 불교의 낙원인 정토를 나타내는 표지였다.

6세기 이후 고구려에서는 신선신앙에서 비롯된 도교가 널리 믿어지게 되었다. 국가에서는 중국 당나라에서 보낸 도사들에게 사원을 도관(道觀)으로 제공하였다. 이후 고구려에서 도교와 불교의 갈등이 심해지자 일부 불교 승려들은 남쪽의 백제, 신라로 떠나기도 하였다.

도교가 널리 퍼지면서 고구려에서는 별자리의 신들과 문명을 발전시켰다고 믿어지던 신들이 더욱 무게감을 지니게 되었다. 6세기 고분벽화에 해와 달, 각종 별자리가 더욱 적극적으로 표현되고 해신, 달신, 불의 신, 농사의 신, 대장장이 신, 숫돌의 신, 수레바퀴의 신들이 묘사되는 것도 이런 까닭이다.

고구려에서 유교는 국가 체제를 정비하고 유지하는 데에

신묘년명 금동여래입상, 국립중앙박물관.

도움이 된다고 여겨졌던 관념체계였다. 그래서 유교와 교육은 밀접한 관련을 지니고 있었다. 고구려의 지방 교육기관인 경당에서는 다양한 종류의 역사서와 오경(五經)과 『문선(文選)』 등 유교교육과 관련된 서적들이 읽혔다. 유교 지식은 무덤 터를 선택하고 장사 날을 정하는 등 상장례와 관련하여서도 중요시되었다. 고구려에서 상을 당하면 가족이나 형제, 자녀가 일정한 기간 상복을 입는 것이 관례화된 것도 유교의 영향에서 비롯되었다.

참고문헌

• 『三國史記』, 『三國遺事』, 『東國李相國集』, 『海東繹史』, 『漢書』, 『後漢書』, 『三國志』,
  『隋書』, 『舊唐書』, 『新唐書』, 『通典』, 『文獻通考』, 『樂書』

• 김경화, 「백희잡기를 통해 살펴본 고대의 축제」, 『역사와현실』87, 2013.
• 김성혜, 「고구려의 음악과 무용」, 『삼국시대음악사연구』, 민속원, 2009.
• 김학주, 『중국 고대의 가무희』, 명문당, 2001.
• 박진욱·김종혁·주영헌·장상렬·정찬영, 『덕흥리고구려벽화무덤』, 과학백과사전출판사,
  1981(高寬敏 日譯, 『德興里高句麗壁畫古墳』, 朝鮮畫報社 編, 講談社, 1986).
• 사회과학원고고학연구실 편, 『미천왕무덤』, 과학원출판사, 1966.
• 서영대, 「한국 고대의 제천의례」, 『한국사시민강좌』45, 2009.
• 송방송, 『한국 고대 음악사 연구』, 일지사, 1985.
• 송지원, 「고구려의 국가전례와 음악」, 『東洋音樂』28, 2006.
• 송혜진, 「고구려 고분벽화에 표현된 북(鼓)의 유형: 행렬악의 연주형태에 기하여」, 『東
  洋音樂』28, 2006.
• 이두현, 『한국의 가면극』, 일지사, 1992.
• 이준성, 「고구려 국중대회(國中大會) 동맹(東盟)의 구성과 축제성」, 『역사와현실』87,
  2012.
• 李晋源, 「壁畫를 통해서 본 高句麗 音樂과 樂器」, 『高句麗研究』17, 2004.
• 이혜구, 「高句麗樂과 西域樂」, 『韓國音樂研究』, 國民音樂研究會, 1957.
• 田耕旭, 「壁畫를 通해서 본 高句麗 놀이문화(演戲文化)」, 『高句麗研究』17, 2004.
• 전경욱, 『한국의 전통연희』, 학고재, 2004.

• 전덕재, 「고구려의 놀이문화」, 『고고자료에서 찾은 고구려인의 삶과 문화』, 고구려연
  구재단, 2006.
  ──「한국 고대 서역문화의 수용에 대한 고찰-백희잡기의 수용을 중심으로」, 『역사
    와경계』 58, 2006.
  ──「고대 일본의 高麗樂에 대한 기초 연구」, 『동북아역사논총』 20, 2008.
  ──「한국과 일본의 고대의 가무 狛犬과 新羅狛에 대한 고찰」, 『한국 고대사 연구
    의 현단계(석문 이기동교수 정년기념논총)』, 주류성, 2009.
  ──「古代의 百戲雜技와 舞樂」, 『韓國古代史硏究』 65, 2012.
  ──「고대 한중일 문화교류에 대한 고찰-舞樂蘇莫遮와 蘇志摩利, 吉簡을 중심으
    로」, 『일본학연구』 51, 2017.
• 전미선, 「고구려 고분벽화의 놀이문화」, 『韓國古代史硏究』 43, 2006.
• 전호태, 『고분벽화로 본 고구려 이야기』, 풀빛, 1999.
  ──『고구려 고분벽화 연구』, 사계절, 2000.
  ──『고구려 고분벽화의 세계』, 서울대출판부, 2004.
  ──『벽화여, 고구려를 말하라』, 사계절, 2004.
  ──『고구려 고분벽화 읽기』, 서울대학교출판부, 2008.
  ──『고구려 벽화고분』, 돌베개, 2016.
  ──『고구려 생활문화사 연구』, 서울대출판문화원, 2016.
• 전호태 외, 『고구려 무덤벽화-국립중앙박물관 모사도』, 국립중앙박물관, 2006.
• 조선유적유물도감편집위원회 편, 『조선유적유물도감』 5, 고구려편 3, 외국문종합출판
  사, 1990; 『북한의 문화재와 문화유적』 I, 서울대학교출판부, 2000.

- 조선유적유물도감편집위원회 편,『조선유적유물도감』6, 고구려편 4, 외국문종합출판
  사, 1990;『북한의 문화재와 문화유적』Ⅱ, 서울대학교출판부, 2000.
- 주재걸,「고구려 사람들의 예술활동에 관한 연구—음악, 무용을 중심으로」,『고고민속
  론문집』18, 과학백과사전출판사, 1983.
- 주재근,「고구려의 현악기에 대한 연구:『삼국사기』악지의 고구려 음악을 중심으로」,
  『東洋音樂』28, 2006.
- 하지홍·임인호,『한국의 토종개』, 대원사, 1993.

- 吉林省文物工作隊·集安縣文物保管所(陳相偉.方起東),「集安長川一號壁畵墓」,『東
  北考古與歷史』1輯, 1982.
- 吉林省文物工作隊(李殿福),「吉林集安五塊墳四號墓」,『考古學報』, 1984年 1期.
- 吉林省博物館輯安考古隊(方起東),「吉林輯安麻線溝一號壁畵墓」,『考古』, 1964年 10
  期.
- 李殿福,「集安洞溝三室墓壁畵著錄補正」,『考古與文物』, 1981年 3期.
- 王承禮.韓淑華,「吉林輯安通溝第十二號高句麗墓」,『考古』, 1964年 2期.
- 梅原末治.藤田亮策 編,『朝鮮古文化綜鑑』卷四, 養德社, 1966.
- 朝鮮總督府,『朝鮮古蹟圖譜』二(關野貞 外), 名著出版社, 1915.
- 朝鮮畵報社編輯部 編,『高句麗古墳壁畵』, 講談社, 1985.
- 池內宏.梅原末治,『通溝』卷下, 日滿文化協會, 1940.